RODULFO GONZALEZ

La Barbarie Represiva de la Narcodictadura de Nicolás Maduro

Tomo III

First published by Aussie Trading 2024

Copyright © 2024 by Rodulfo Gonzalez

All rights reserved. No part of this publication may be reproduced, stored or transmitted in any form or by any means, electronic, mechanical, photocopying, recording, scanning, or otherwise without written permission from the publisher. It is illegal to copy this book, post it to a website, or distribute it by any other means without permission.

Rodulfo Gonzalez has no responsibility for the persistence or accuracy of URLs for external or third-party Internet Websites referred to in this publication and does not guarantee that any content on such Websites is, or will remain, accurate or appropriate.

Designations used by companies to distinguish their products are often claimed as trademarks. All brand names and product names used in this book and on its cover are trade names, service marks, trademarks and registered trademarks of their respective owners. The publishers and the book are not associated with any product or vendor mentioned in this book. None of the companies referenced within the book have endorsed the book.

First edition

Proofreading by Juan Rodulfo
Cover art by Valeria Magallanes
Editing by Katiusca Strocchia

This book was professionally typeset on Reedsy.
Find out more at reedsy.com

Contents

Gases lacrimógenos y ballenazos contra manifestantes	1
Tres notas sobre la narcodictadura	4
Fuego contra los manifestantes	5
Dos nuevos asesinatos en protestas	8
Habló la Defensora del Pueblo	10
18 muertes durante las protestas	15
Cada día más angustia	39
Agresiones contra activistas de Derechos Humanos	42
El asesinato del Líder Indígena Virgilio Trujillo	83
El comunicado de organizaciones indígenas	90
El asesinato de Yanomamis por oficiales de la FAV	92
Más torturas y detenciones arbitrarias	97
La justicia al servicio de la narcodictadura	122
La narcodictadura ascendió a dos torturadores de la DGCIM	133
Nueva excusa para reprimir y perseguir	136
El delito de opinar en WhatsApp	141
Detenciones al estilo cubano	145
Los peligros de ser Líder Sindical	150
La denuncia de Amnistía Internacional	156
La policía de Aragua reprimió a manifestantes	159
Atacada asamblea de estudiantes en la facultad de...	161
La Barbarie Represiva en imágenes	165
La represión revolucionaria	171
Detención de estudiantes en Lagunillas	176
¿Qué se espera de la Corte Penal Internacional?	178
Entre 400 y 500 Bombas Lacrimógenas por hora contra los...	181

Un detenido en las protestas cada media hora	185
Cuerpos represivos han detenido arbitrariamente a 2.169...	193
Presas, torturadas y cruelmente tratadas	196
Siguen las protestas contra la Narcodictadura	198
About the Author	207
Also by Rodulfo Gonzalez	213

Gases lacrimógenos y ballenazos contra manifestantes

El 22 de marzo de 2014 el sitio Web de El Nacional reportó:
 -Un grupo de manifestantes que venía de Chacao intentó concentrarse en la plaza Francia y tomar la autopista, acción que fue repelida con intensidad por la GNB con gases lacrimógenos y "ballenazos"
 Al finalizar la marcha opositora en Chacao, un grupo de los manifestantes caminó hasta plaza Altamira, donde se inició un fuerte ataque de la GNB y la PNB contra las personas que intentaban bajar hacia la autopista.
 Los hechos iniciaron después de las 3:00 de la tarde, según reportes de los

manifestantes y vecinos en Twitter. Dos unidades de la ballena y decenas de tanquetas se podían apreciar en el sector.

La fuente añadió:

-Después de la intensa represión, vecinos de Altamira bajaron de sus edificios y, a fuerza de consignas, lograron el retiro de la PNB. La gente volvió a reagruparse en la plaza Francia después de las 4:15 pm.

También se ha reportado fuerte presencia policial en Chacao. Se han desplegado ballenas y gran cantidad de funcionarios con equipo anti-motín que están reprimiendo manifestantes. Bombas lacrimógenas han sido lanzadas en la avenida Arturo Uslar Pietri, que a las 6:32 pm se quedó sin alumbrado público, y la calle Sucre. Algunas cayeron dentro del centro comercial San Ignacio.

Al respecto el general Manuel Salvador Quevedo Fernández, jefe entonces del Comando Regional 5 de la GNB, informó que los efectivos de la PNB detuvieron a cinco personas en las inmediaciones de la Plaza Francia de Altamira.

De ese general de opereta registra Wikipedia, la enciclopedia libre, que permaneció en el anterior cargo hasta finales de mayo después de estar al frente de las neutralizaciones de las protestas que se registraron desde febrero en toda la capital de país, después que su hijo fuera uno de los detenidos en el campamento que estudiantes habían establecido como forma de protesta en los espacios del Programa de las Naciones Unidas para el Desarrollo.

Según esa fuente, el 15 de febrero de 2019 la Oficina de Control de Bienes Extranjeros (OFAC) del Departamento del Tesoro de los Estados Unidos dio a conocer que Manuel Quevedo, junto a otros cuatro funcionarios del Gobierno de Nicolás Maduro, fue incluido en la lista de sancionados por el organismo norteamericano.

El entonces titular de esa oficina, Steven Mnuchin, expresó a través de un comunicado que "tenemos la intención de perseguir a aquellos que facilitan la corrupción y la depredación de Maduro, incluso sancionando al presidente de PDVSA y a otros involucrados en la malversación de activos que legítimamente pertenecen al pueblo de Venezuela".

Las sanciones incluyeron la congelación de activos y bienes que tenga bajo jurisdicción estadounidense y la prohibición a cualquier ciudadano o compañía del país norteamericano de realizar operaciones con ellos.

El 15 de abril del mismo año el gobierno de Canadá incluyó su nombre en la lista de 42 funcionarios del régimen de Nicolás Maduro, por estar directamente implicados en actividades que socavan las instituciones democráticas, según declaró la ministra de Relaciones Exteriores canadiense, Chrystia Freeland.

Por último, Wikipedia, la enciclopedia libre, señala de Quevedo Fernández que "Su nombre figura entre los funcionarios y empresarios, relacionados con el gobierno de Maduro, sancionados por el TIAR el 3 de diciembre de 2019", medida que incluyó la congelación de cuentas y la prohibición de ingresar a territorio de los países miembros del Tratado.

Tres notas sobre la narcodictadura

El 21 de marzo de 2014 el diario 2001 reportó:

-La esposa del excomisario Iván Simonovis, quien cumple 9 años y 118 días preso, consideró que Nicolás Maduro tiene ciertas similitudes con Juan Vicente Gómez y el General Pérez Jiménez.

A través de su cuenta en la red de Twitter Bony Simonovis señaló que "cada venezolano es un valiente fotógrafo"

Asimismo, indicó: "Estamos documentando todas las violaciones a los DDHH que comete tu gobierno Nicolás".

En la misma fecha, el expresidente de Colombia, Andrés Pastrana, según el portal telemetro.com, con información de EFE, denunció una "clarísima violación "de la democracia en Venezuela por parte del régimen de Nicolás Maduro y lamentó que "América Latina ha dejado absolutamente sola" a esa nación.

Dos días después, el diario 2001 reportaría que la entonces fiscal general de la República, Luisa Ortega Díaz, había reconocido que en las manifestaciones que se estaban efectuando en el país los funcionarios han extralimitado su fuerza.

Aseveraría además que ha habido excesos policiales e indicó que se están realizando las investigaciones pertinentes.

Y agregaría que "hay 3 funcionarios de la policía de Chacao a quienes se le atribuye la presunta comisión del delito de homicidio" y que "quieren hacer ver a Venezuela como un Estado violador de los derechos humanos".

Fuego contra los manifestantes

El 16 de febrero de 2014 el diario Últimas Noticias reportó que la manifestación del 12F fue reprimida a tiro limpio por uniformados y civiles que llegaron en vehículos, como pudo apreciarse en videos y fotografías difundidas en las redes sociales.

La Unidad de Investigación de ese medio reconstruyó periodísticamente los hechos sangrientos ocurridos ese día que dejaron como saldo el asesinato a mansalva del estudiante Bassil Dacosta, pero todavía quedan dudas.

El portal breinguash.com hizo reprodujo el referido texto:

-Como prácticamente todo en los últimos años en Venezuela, la nota derivó reacciones encontradas. Un grupo dice que está sesgado y es propaganda anti-gobierno, otro que oculta hechos relevantes y parece mal redactado a propósito.

El video habla solito:

Eran las 3:13 de la tarde cuando cayó el cuerpo de Bassil Alejandro Dacosta en la acera. En ese momento, la calle y la línea de tiro estaban en manos de individuos identificados con uniformes, placas y vehículos del Servicio Bolivariano de Inteligencia Nacional (SEBIN) acompañados de otros vestidos de civil. Habían tomado toda la cuadra desde la esquina de Ferrenquín hasta Tracabordo, en Candelaria, después de que la Policía Nacional Bolivariana retirara sus piquetes.

Luego de ver y analizar tres videos y cerca de 100 fotos proporcionadas por testigos (amateur y profesionales), es posible una reconstrucción del momento del asesinato. Un grupo intenta subir desde la esquina de Monroy hasta la de Tracabordo. Ya la marcha de los estudiantes convocada para celebrar el 12 de febrero había concluido. Quedaban algunos que se negaban a abandonar el lugar. Desde su trinchera gritaban a la policía, los insultaban y les lanzaban piedras.

Avanzan hacia una moto del SEBIN, que estaba justo en la esquina noroeste de Tracabordo y la tumban. Intentan tomarla y la acción provoca la avanzada de los efectivos a tiro limpio. Se escuchan detonaciones y se ve a los hombres de oscuro accionar armas cortas y algunas escopetas de perdigones. El grupo de manifestantes se repliega hacia la avenida Universidad. Otros, entre los que se encontraba Bassil Dacosta, buscan resguardo y cruzan hacia una calle lateral: la esquina Este 2. El ángulo de la toma del video no permite identificar qué los obliga a devolverse 12 segundos después, cuando regresan corriendo y quedan en la línea de fuego.

En la pared del restaurante que hace esquina, "La Cocina de Francy", cae el cuerpo del guatireño de 24 años. En ningún momento se dejan de escuchar las detonaciones. Los vecinos describen la escena como "terrible", "espantosa" y "de pavor".

Dacosta es el antepenúltimo de una fila de jóvenes que cruzan para escapar de las balas. Los compañeros de jornada lo recogen cuando cae de frente sobre la acera y se lo llevan cargado.

Con moto y pistola. La señora "L" y su hijo estaban en el último piso de uno de los edificios aledaños. Explica que minutos antes de la llegada de los uniformados, la esquina de Trocadero estaba tomada por hombres y mujeres en motos, "de esos que salen en la televisión". Todos vestidos de civil. Algunos con cascos y franelas, "otros con la cara tapada". Disparaban hacia la esquina de Monroy, donde había estado inicialmente el grueso de los manifestantes. "Sacaban el brazo con la pistola, detonaban y luego se escondían". En la pared de una dependencia de la Alcaldía de Libertador se cuentan más de 10 impactos de bala. Las nueve personas entrevistadas para este trabajo coinciden en recordar el estruendo de esta balacera.

Sin embargo, este grupo que los vecinos reconocieron como "colectivos" conversaron unos minutos con los uniformados y luego se retiraron. Los espacios que ellos ocupaban fueron tomados por los hombres identificados como del SEBIN.

A la cabeza entró una moto Kawasaki Versys 1000 en la que iba de parrillero un hombre de contextura gruesa, vestido de civil con camisa caqui y pantalón de jean, con un radio de onda corta en la mano derecha. Parece llevar la voz cantante. Grita, manotea, dirige. Después de que cae Dacosta, acelera y gesticula hacia un hombre de camuflaje gris y negro.

En el momento de la muerte de Dacosta, una toma y secuencias fotográficas recogen a por lo menos siete hombres que desenfundan sus armas. Cinco de ellos las disparan de pie, uno al aire y cuatro a la manifestación. Dos están uniformados.

Uno de ellos lleva camisa blanca, pantalón verde militar, casco y lentes negros. En la mano izquierda lleva un anillo grueso con piedra. Se mueve en una moto con placa oficial número 2-177.

El otro viste camisa manga larga negra, jean y zapatos negros. No tiene casco ni lentes. Los hombres de civil actuaban en coordinación con los uniformados.

Uno de los tiradores recoge la moto que tumbaron los estudiantes. Dos hombres recolectan los casquillos, mientras un grupo de guardias nacionales que fueron testigo de los hechos, dan la espalda en sus motos y se van hacia el norte.

Interrogantes. El jueves en la noche, en cadena nacional, (…) Nicolás Maduro, aseguró que ya habían identificado a los responsables de la muerte de Bassil Dacosta, aunque un día después la policía científica hacía estudios planimétricos en el lugar donde cayó el cuerpo de Dacosta.

Aparte de la identidad de los responsables, hay preguntas que quedan por responder en la investigación: ¿Por qué la GNB retira sus piquetes? ¿Por qué utilizan armas de fuego para reprimir la manifestación? y ¿Por qué había civiles y uniformados reprimiendo la manifestación?

Dos nuevos asesinatos en protestas

El 12 de abril de 2017 la agencia Reuters reportó que el gobernador del Estado Lara, Henri Falcón, denunció que "entre la noche del martes y la madrugada del miércoles las protestas contra Maduro escalaron hasta convertirse en disturbios violentos, liderados por personas fuertemente armadas en motos y automóviles", en las cuales "Dos personas murieron por disparos y 12 resultaron heridas de bala en el centro de Venezuela…, lo que eleva a cuatro los fallecidos en medio de una nueva ola de protestas contra…, Nicolás Maduro".

Falcón precisó que los asesinados son un adolescente de 14 años y una persona de 36 años que no estaba protestando.

Reuters explicó además, que "La crisis política se agudizó la semana pasada cuando la Justicia se arrogó facultades del Parlamento, dominado por la oposición, una decisión que fue criticada por la fiscal y el propio Maduro y, finalmente, revertida parcialmente", pero "a pesar de revertir los polémicos fallos, el Tribunal Supremo de Justicia (TSJ) sigue bloqueando el trabajo parlamentario porque sostiene que ese poder se encuentra en "desacato", por lo que miles volvieron a las calles a protestar contra lo que consideran una dictadura".

La agencia de noticias destacó luego que "Las manifestaciones, que han sido reprimidas por las fuerzas de seguridad, han dejado decenas de heridos y, según la organización no gubernamental Foro Penal, 325 arrestos en la última semana, de los cuales 153 personas siguen tras las rejas".

Y agregó que "En los últimos días, dos jóvenes murieron por disparos de la policía mientras protestaban".

Luego señaló:

-Testigos dijeron a Reuters que la noche del martes se encendieron protestas en varias zonas populares y de clase media de Caracas, como La Vega y Coche, antiguos bastiones del chavismo, el movimiento fundado por el difunto Hugo Chávez.

En Petare, una de las barriadas más grandes de Latinoamérica, también hubo bloqueos de calles con basura y escombros. Y usuarios de redes sociales mostraron fotos de saqueos y destrozos en algunos puntos de Caracas.

Las manifestaciones también dejaban un puñado de heridos en otras ciudades del interior como Valencia.

Maduro, un exchofer de autobús de 54 años, sostiene que grupos violentos buscan desestabilizar el país para precipitar un golpe de Estado.

Después indicó:

-La oposición, sin embargo, señala a Maduro como el principal responsable de la grave crisis económica que sufre Venezuela, con la inflación más alta del mundo, recesión y escasez de alimentos y medicinas.

-Mientras la crisis se agudiza en el país petrolero, diversos gobiernos de América y Europa han pedido a Maduro respetar la separación de poderes, liberar a un centenar de presos políticos y convocar a elecciones generales.

El martes, seis personas fueron detenidas en el sur del país acusadas de arrojarle objetos contundentes a Maduro como protesta. De ellas, una ya fue liberada.

Habló la Defensora del Pueblo

El domingo 9 de marzo de 2014 el periodista Juan Francisco Alonso, de El Universal, reportó:

-Aunque admitió que su despacho está investigando 44 denuncias de abusos y malos tratos contra manifestantes por parte de policías y militares, la defensora del Pueblo, Gabriela Ramírez, pidió poner el acento en las guarimbas, a las que no dudó en calificar de "trampas caza humanos".

"La trampa más letal han resultado ser las guarimbas (…) porque allí con las trampas de alambre, de la violencia y cuando alguien se acerca a retirar los escombros han muerto la mayor cantidad de personas", afirmó la funcionaria al presentar ayer, en rueda de prensa, su informe "Febrero: Golpe a la paz", en el cual recoge sus observaciones lo ocurrido en el país durante las últimas cuatro semanas.

A continuación, JFA, destacó:

-Ramírez justificó su posición en las siguientes cifras: 10 de las 21 víctimas que han dejado las manifestaciones estudiantiles perdieron la vida al tratar de superar una barricada o al tratar de levantarla.

Como ya lo hicieran otros funcionarios del Estado, la Defensora atribuyó la "violencia foquista" a la convocatoria que un "dirigente político importante" realizó para salir a protestar, en clara alusión a Leopoldo López.

Después indicó:

-Durante su comparecencia ante los medios, la Defensora garantizó que investigará las denuncias que ha recibido y que buscará que los responsables sean castigados.

"Rechazamos y vamos a investigar cualquier uso desproporcionado de la fuerza física", aseveró.

-Sin embargo, al ser consultada sobre la actuación de la Guardia Nacional, algunos de cuyos miembros han quedado retratados en fotografías y videos que circulan en las redes sociales golpeando a personas y realizando disparos a mansalva, Ramírez afirmó: "Tenemos 20 mil funcionarios de la GN desplegados en todo el territorio nacional. Estos 20 mil funcionarios han estado haciendo uso progresivo de la fuerza física y hemos recibido 44 denuncias (...) Ahora bien yo quiero hacer una comparación. Aquí tenemos la triste herida del 27 de febrero de 1989. Ustedes saben cómo fue repelida esa protesta (...) hemos tenido en nuestro país por más de un mes violencia permanente, diaria, en distintos focos y tenemos cuatro casos de muertes atribuibles a funcionarios que están privados de libertad, el resto de las muertes que ya suman 21 son atribuibles a esos focos producidos por grupos que se hacen llamar manifestantes".

Alonso precisó luego:

-Pese a la matización anterior, la Defensora admitió que miembros de ese componente han cometido excesos como dispararles gas y perdigones a edificios de apartamentos y a personas a corta distancia.

Asimismo, criticó que a los aprehendidos durante las manifestaciones se le haya impedido comunicarse con sus familiares y abogados; y por ello llamó a todos los cuerpos policiales y de seguridad que "cumplan las formalidades legales durante las detenciones".

Empero buena parte de esas afirmaciones pasaron por debajo de la mesa debido al revuelo que provocó una mala interpretación que algunos sitios web, incluido el de este diario, hicieron sobre una explicación que la funcionaria hizo sobre la diferencia entre tortura y malos tratos.

Posteriormente apuntó:

-La Defensora también denunció la campaña de estigmatización que, a su juicio, hay contra los colectivos.

Yo conozco colectivos culturales, grupos dentro de distintas parroquias. ¿Es que todos están armados? Hay evidencia de eso, más allá de los tuits (...) Que una persona tenga un arma y vista una camisa de una tendencia no significa que aquí se están armados los colectivos. ¿Por qué tenemos que asociar la palabra colectivo con un llamado a la violencia?", afirmó.

Al final del reportaje el periodista de El Universal recordó:

-El pasado 13 de febrero, en entrevista a eutv.net, Alberto Carias, quien dice ser dirigente del Movimiento Revolucionario Tupac Amaru, afirmó: "Si la democracia venezolana, al igual que en el 2002, se ve afectada por un golpe de Estado, lo digo de manera responsable, como presidente del MRTA, nosotros vamos a sacar nuestras armas, nuestras capuchas; tenemos las armas, pero las tenemos guardadas".

> *Esta funcionaria es a la fecha de redacción de este capítulo, 20 de junio de 2022, un número más de la diáspora venezolana, obra del criminal régimen al que sirvió. En el ejercicio del cargo justificó ciertos niveles de tortura a los presos por parte de los cuerpos represivos. Según El Nacional, en marzo de 2014 la exfuncionaria declaró:*
>
> *"Si se aprenden 11 jóvenes o 15 jóvenes o 20 jóvenes en un sitio de estos y una persona es golpeada o es tratada o se intenta...Fíjense. La tortura tiene un sentido, por eso nosotros tenemos que ser muy rigurosos con el uso de los términos. La tortura se emplea para obtener, infringir (sic) sufrimiento físico a una persona para obtener una confesión y tenemos que diferenciarlo de lo que es un trato excesivo o un uso desproporcionado de la fuerza".*

El 31 de marzo de 2014 Últimas Noticias, con información de la Agencia Venezolana de Noticias, reportó:

-La Defensora del Pueblo, Gabriela Ramírez, señaló que los actos violentos han vulnerado los derechos humanos de todo un pueblo.

Durante entrevista en el programa Al Descubierto, transmitido en la noche de este domingo por Venevisión, Ramírez ratificó que "cuando se quiebra el Estado de derecho, se obstruyen vías públicas, se impide el paso de alimentos y medicinas a un lado del país, el Estado tiene que actuar, porque dejar de hacerlo es irresponsabilidad".

En este sentido, indicó que el Estado "no puede comulgar con quien genera inestabilidad política y se niega al diálogo", por ello los entes judiciales "se encuentran trabajando para que esclarezca cada caso con la mayor celeridad posible".

Luego reveló que el despacho a su cargo "ha ejecutado 757 actuaciones defensoriales en todo el país durante los hechos violentos... en centros de detención, centros de salud y mediaciones realizadas en focos de perturbación de la paz.

Asimismo, aseveró "que existe una campaña de los medios privados internacionales para confundir a la opinión pública mundial que, según ella, consta en mezclar imágenes de la contención de la violencia por parte de los efectivos de seguridad con marchas realizadas en la oposición, cuando en realidad la actuación de la Guardia Nacional se ha dado en zonas de clase media alta, donde pequeños grupos de vándalos, en horas de la madrugada, atentan contra la paz de la ciudadanía".

Totalmente falso que la Guardia Nacional haya actuado solamente en zonas de clase media alta, dado que el socialismo del siglo XXI destruyó totalmente la clase media del país. Ese organismo, responsable de torturas y todo tipo de atropellos contra los derechos humanos, deberá responder algún día, más temprano que tarde, ante la justicia nacional e internacional por las tropelías y crueldades cometidas contra manifestantes y personas, cuyas residencias fueron allanadas sin orden judicial y despojadas de objetos personales. La entonces defensora del pueblo miró hacia otro lado cuando una tanqueta le pasó por encima a un joven estudiante ni otras tantas agresiones, impunes por parte de la justicia del país, y sin respuesta de la Corte Penal Internacional, a pesar de los centenares denuncias que han sido formuladas ante esa instancia.

Luego apuntó:

-En la entrevista, reiteró que existen tres denuncias de tortura, por las cuales han sido detenidos 17 funcionarios del orden público. "Para nosotros que tenemos la cicatriz de El Caracazo no nos interesa proteger a funcionarios que se salgan de las conquistas de la constitución del 99, como lo es el resguardo de manifestaciones sin el uso de armas de fuego".

Ramírez explicó que otra arista de la manipulación mediática internacional ha sido la satanización de los colectivos y señaló que en el 2002 se hizo lo mismo con los círculos bolivarianos "que fueron llamados círculos del terror".

Acotó que en el país existen colectivos que trabajan en diversas temáticas, entre ellas la cultura, la educación, la ecología y el deporte, por lo tanto, enfatizó que es un irrespeto asociar, sin pruebas, directamente estas experiencias de organización popular con hechos violentos.

18 muertes durante las protestas

El 3 de marzo de 2014 notitweet, con información de las periodistas Laura Weffer y Cristina González, de Últimas Noticias, reportó:

-Las protestas se han extendido por todo el país desde el 12 febrero, la fiscalía general de la República contabiliza el fallecimiento de 18 venezolanos. Aquí los detalles y las claves de los 18 fallecimientos asociados a las manifestaciones.

***

Juan Montoya fue la primera víctima. Era líder del secretariado que agrupa a colectivos de la parroquia 23 de enero y también portaba credencial de la Policía de Caracas. Su nombre apareció por primera vez en la opinión pública reseñado en 2008, cuando se lo vinculó con la colocación de objetos explosivos en la sede de Fedecámaras. Pero esa visión contrasta con la de quienes lo conocían en la intimidad. Se interesaba por el cine e hizo tres producciones a través del Colectivo Cine Popular; la más conocida, De quién viene la violencia, que está colgada en YouTube.

Padre de una muchacha de 22 años y dos varones, de 13 y 14 años, lo describen retraído y solitario. "Tenía un apartamento con vista al mar", cuenta su hermano, Jonny Montoya. Hacía esculturas, pintaba y tocaba guitarra. Sus compañeros del colectivo lo describen como un líder con ideales de izquierda profundamente arraigados. Era "un policía humilde", dice su hermano. La cartera negra en la que guardaba su identificación está desconchada. "Era un soñador al extremo; para comprenderlo, había que conocerlo".

* * *

A Bassil Dacosta lo alcanzó la muerte mientras corría para huir de los disparos. Estaba con un grupo rezagado de la marcha estudiantil.

Viajaba con frecuencia a la región andina para ver jugar a su equipo favorito del fútbol nacional, el Deportivo Táchira. "Se iba con sus amigos a San

Cristóbal, así fuera pidiendo cola para ver los partidos", recuerda su amiga Stefany Puerta. El tío de Dacosta, Juan Carlos Sierra, aclara que su sobrino no solo era espectador: "Él jugaba mucho los fines de semana y era muy bueno.

Le gustaba porque su papá también es futbolista". Tenía seis años trabajando como carpintero en Guatire, ciudad donde residía. "Era carismático y alegre. A donde llegaba se daba a querer", cuenta Sierra, quien celebra los valores inculcados por su madre. Afirma que Dacosta era un joven tranquilo y respetuoso. "Queremos que se haga justicia. No se puede quedar así. Esto ha sido muy fuerte para todos. Los amigos le han hecho homenajes muy bonitos".

***

Roberto Redman. Un motorizado le disparó en la noche.

Dereck Redman montó un altar en su casa con santos y vírgenes para rezarle todas las noches a su hijo, Roberto. Vivían ellos dos solos. Su mamá murió de cáncer en el año 2002 y él era hijo único.

La primera imagen que su padre usa para describirlo es "colaborador" y recuerda cómo se entregó a auxiliar a los damnificados de la tragedia de Vargas en 1999 desde el aeropuerto de La Carlota, cuando apenas tenía 16 años. Les llevaba comida y agua. No descansó en días. "Él era así, por eso cargó a Bassil Dacosta cuando estaba herido, sin ni siquiera conocerlo".

Corría por los menos siete kilómetros tres veces por semana. Se describía a sí mismo en su cuenta de Twitter como piloto privado (se había graduado el año pasado), guarimbero y demócrata liberal.

Redman, de 77 años, asegura que se le ha acercado mucha gente para felicitarlo, abrazarlo y decirle que su hijo es un héroe. Él responde: "Yo preferiría que no fuera un héroe y que todavía estuviese conmigo". Su mensaje: "Ojalá que mi hijo no haya muerto en vano, sino por sus ideales: alcanzar la libertad y democracia verdadera".

* * *

José Ernesto Méndez. Fue arrollado mientras protestaba.

Tenía 17 años y pasaba mucho rato haciendo piruetas con una bicicleta a la que llamaba Sofía. "Su mundo era su bici", afirma Jorgelis Gómez, quien recuerda a su sobrino José Ernesto Méndez, quien fue arrollado durante una protesta en Carúpano, Estado Sucre.

El joven solía levantarse a las cinco de la mañana -aunque estudiaba quinto año de bachillerato en las tardes- para trabajar con su papá, José Méndez, en un local de venta de granos y legumbres. Sus familiares lo definen como un joven muy alegre, cariñoso, trabajador y "enamorador".

Estaba terminando de armar una bicicleta nueva -solo le faltaba el volante- porque la anterior, también construida por él, se la había regalado a uno de sus cuatro hermanos. "Le encantaba el BMX (acrobacias sobre ruedas). Lo aprendió solo con sus amigos inventando, porque no hay ninguna academia de eso por aquí cerca", cuenta el padre, quien lamenta los hechos violentos que han ocurrido en el país.

* * *

Génesis Carmona. La mataron cuando marchaba.

"Con Génesis todo era una risa. Era callada, pero si tenía que decir algo, lo hacía. Casi nunca se molestaba". Nelson Garay, amigo de la modelo que murió el 19 de febrero, solo guarda gratos recuerdos de su compañera de certamen Miss y Míster Turismo Carabobo.

Su fotografía en una moto, herida de muerte sobre los brazos de un parrillero, ha dado vueltas por las redes sociales. No están claras las circunstancias de su muerte, lo que es cierto es que recibió un tiro en la cabeza mientras manifestaba.

"Tenía sus prioridades muy claras, quería terminar sus estudios de Mercadotecnia antes que todo y luego tenía muchos planes en el modelaje para el año 2014", afirma el amigo, quien la acompañó mientras convalecía en la clínica.

Fue su primera manifestación. La pancarta que llevaba decía: "Estoy cansada de estar por lo menos viva".

Los familiares de la joven decidieron vivir su luto alejado de la luz pública. El día del entierro, su hermana Alejandra dijo que había muerto por Venezuela. Encima de su féretro se leía: "Triunfadora".

* * *

Julio González. Chocó contra un árbol por una barricada

El 19 de febrero, Julio González fue designado como el fiscal de guardia en Carabobo. Salió de su casa a las 11 de la noche para hacer un recorrido por los centros hospitalarios de Valencia. Iba a ver el estado de salud de las víctimas de las protestas en esos días. La primera en su lista era Génesis Carmona.

Iba en su camioneta, en una bajada, y no vio que detrás de la barricada había basura. Las ruedas del auto se enredaron con los escombros y se fue de frente contra un árbol. Su muerte fue instantánea.

"Mi esposo era el mejor del mundo. Era mi rey, mi príncipe, mi todo". Nairobi Olivera todavía no puede creer que ya no esté. Tienen dos hijos de 6 y 3 años. La calle en la que viven continúa trancada por las protestas. Ella ni siquiera pudo hacerle novenario. "Él se merecía un rezo". El miércoles pasado la asaltaron a mano armada. "Con la violencia no le están haciendo daño al presidente, nos estamos haciendo daño a nosotros mismos. De parte y parte hemos sufrido mucho".

***

Doris Elena Lobo tenía 41 años. "No era fiestera ni estridente. Más bien una mujer tranquila, dedicada a sus tres hijos (17, 18 y 25 años)", comparte su hermana Maritza Lobo. Nació en Mérida y recientemente había terminado bachillerato a través de la Misión Ribas. Quería ir a la universidad y estudiar Administración.

A veces ayudaba a su mamá, Francisca Lobo, de 83 años, en un puesto de teléfonos "pegaítos". La madre está desolada. Casi no puede hablar porque las lágrimas no se lo permiten. "Estoy sufriendo mucho. Este es un dolor tan grande que no sé qué voy a hacer. Ella estaba conmigo todo el tiempo. Era muy amorosa".

Doris salió de su casa como parrillera en una moto cuando se encontraron con un alambre extendido de acera a acera, parte de una barricada. Fue imposible maniobrar y Lobo llevó la peor parte. Tuvo fractura craneal y llegó al hospital, pero una vez allá sufrió tres infartos. "Estas son muertes irreparables. Ojalá que piensen en eso cuando protesten", pide su hermana.

* * *

* * *

Elvis Durán. Víctima de una guaya que no vio.

"Era tremendo deportista. Le gustaba el fútbol al igual que a su hermano morocho", cuenta una amiga de Elvis Durán, quien perdió la vida a causa de una guaya tensada que encontró su cuerpo en el sector Horizonte, en la avenida Rómulo Gallegos, en Caracas, que formaba parte de una barricada ubicada en la zona a modo de protesta.

"Elvis no merecía esto", expresa una de sus amigas, quien lo veía como a un hermano. Asegura que su hija pequeña era todo para él. También deja un vacío en su hermano: "Me siento incompleto", publicó esa noche en su cuenta de Facebook.

"A Elvis le decíamos el morocho bueno. Era muy alegre y tenía una personalidad original. Por eso duele tanto su partida", dice su amiga.

Cuenta también que practicaba deportes en el Centro Juvenil Don Bosco, en Los Dos Caminos. Hay dos personas detenidas como presuntos autores materiales y sobre el presunto autor intelectual, general Ángel Vivas, aún está pendiente una orden de detención.

El autor intelectual de todas las muertes acaecidas en Venezuela a partir del 12 de febrero no lo fue el pundonoroso general Ángel Vivas, con una impecable hoja de servicios, sino el narcodictador Nicolás Maduro, de dudosa nacionalidad venezolana, quien continuó, en mayor grado, la siniestra obra del teniente coronel (retirado) Hugo Chávez de exterminio de quienes han estado en desacuerdo con el socialismo del siglo XXI.

***

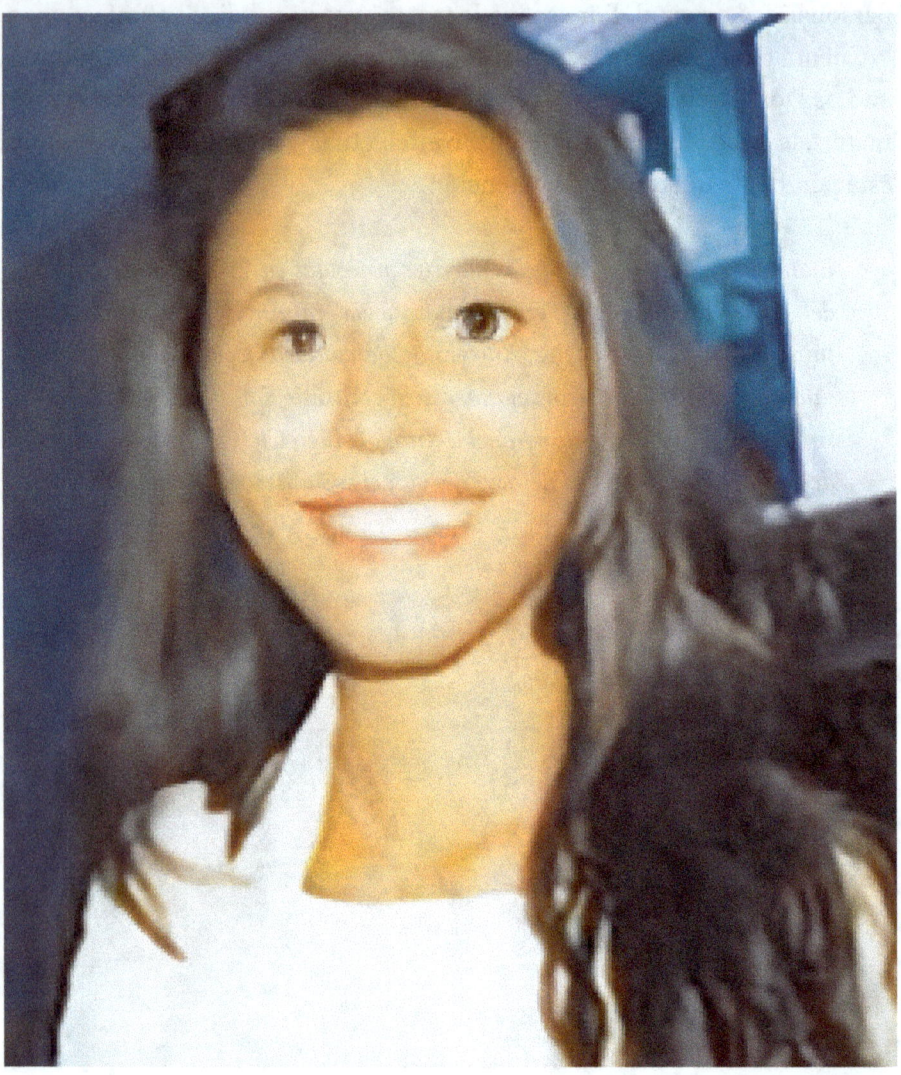

Tres días estuvo Geraldin Moreno luchando entre la vida y la muerte. La joven de 23 años fue víctima de un perdigonazo en el rostro. Los testigos aseguran que corría intentando huir de los guardias nacionales y un proyectil la impactó. Luego de que cayó en el piso, uno de los funcionarios le habría disparado de nuevo, esta vez en el ojo. Los familiares denunciaron que el perdigón era de metal. La deportista fue sometida a tres intervenciones quirúrgicas y falleció el sábado 22 de febrero.

Era fanática del fútbol, dice su mamá Rosa María Orozco. Incluso practicó con la selección de Carabobo. Estudiaba quinto semestre de Citotecnología.

"Las muestras de solidaridad han sido infinitas", señala Orozco. Cuenta cómo una mujer muy humilde y muy mayor, a la que no conocía, llegó a la clínica en la que estaba su hija, cuando aún convalecía, y le entregó Bs 160 en billetes de dos y de cinco. "Todos hemos estado muy pendientes de ella", le aseguró.

"A los muchachos que están en la calle les pido que se cuiden. Los necesitamos a todos", señala la madre de Geraldin.

* * *

Alejandro Márquez. Golpeado hasta morir por la Guardia Nacional.

Los planes que tenía Alejandro Márquez de irse a vivir a Alemania se cancelaron el miércoles 19 de febrero cuando funcionarios de la Guardia Nacional Bolivariana le provocaron heridas letales a punta de golpes en la esquina Candilito de la parroquia Candelaria.

"Nosotros nos asomamos a ver la protesta y los guardias se molestaron porque Alejandro estaba grabando. Le pidieron el celular, pero él no quiso darlo y salió corriendo", cuenta Cristian Montes, vecino de Márquez. Asegura que los funcionarios dispararon perdigones y, aunque ninguno lo impactó, Márquez cayó y fue alcanzado por los efectivos.

El presidente de la Asamblea Nacional, Diosdado Cabello, aseguró que la víctima era un paramilitar enviado para asesinar a Nicolás Maduro, y se refirió a fotos en los que Márquez cargaba armas. Amigos aclararon, con indignación, que eran de Airsoft, deporte que simula prácticas militares. "El Gobierno debe rectificar", dice Montes.

* * *

Wilmer Carballo. Fue abaleado dentro de su urbanización.

El mismo instinto de protección que mantuvo Wilmer Carballo a lo largo de su vida con su esposa y sus dos hijos lo mostró aquel día con el resto de los habitantes de Corinsa, en el Municipio Sucre del Estado Aragua. Salió a advertir a los vecinos, quienes se alistaban para protestar, sobre la presencia de motorizados en los alrededores.

No conforme con eso, fue el único que corrió a cerrar el portón de la urbanización para resguardar las residencias cuando estos llegaron de forma violenta. "Le dieron un tiro en la cabeza", afirma su primo Augusto Amaya. La actitud de ese día coincide con la personalidad que, según Amaya, lo caracterizó desde muy joven. "Era el mayor de los primos y siempre nos apoyaba en momentos difíciles", recuerda.

Tenía su propio negocio de distribución de alimentos para comedores industriales. Aunque gozaba de doble nacionalidad (venezolano-español), prefería a Venezuela. "Cuando su esposa le propuso invertir fuera, él no quiso porque decía que él solamente quería trabajar e invertir aquí", cuenta Amaya. "Él tenía la esperanza de que las cosas mejoraran aquí".

* * *

Eduardo Anzola no vio la barricada en la vía por falta de luz. Falleció a causa del choque. Anzola no solo era reconocido en su comunidad, en la Parroquia Miguel Pérez del Estado Carabobo, por sus labores de carpintería, sino también por su liderazgo social.

"Era un dirigente vecinal nato. Fue muy afecto a nosotros, pero también a cualquier iniciativa que ayudara a su comunidad a salir adelante y rescatara a los muchachos de cualquier vicio", afirma Neidy Rosal, diputada del Consejo Legislativo de Carabobo, en referencia a la vinculación que mantuvo Anzola con el partido Proyecto Venezuela.

El diputado Carlos Berrizbeitia, de ese partido, lo califica de alegre, trabajador y familiar. "Desde hace mucho tiempo apoyaba desde el activismo juvenil", recuerda.

Proponía la construcción de escuelas de oficios en Carabobo. "Soñaba con enseñar su arte, la carpintería, porque él decía que faltaba formar a la gente, más que en una profesión, en oficios", asegura Rosal.

* * *

Giovanni Pantoja, efectivo de la Guardia Nacional recibió un tiro en uno de los ojos al retirar escombros.

Su muerte fue anunciada por Nicolás Maduro. Era sargento primero. Mientras se encontraba en Miraflores, interrumpió la reunión para advertir que le llegaban "noticias dolorosas". Según el parte que ofreció, un contingente de la Guardia Nacional Bolivariana fue emboscado mientras removía escombros de una protesta de la oposición.

"Fueron atacados a bala" indicó y señaló que la justicia "debe caer implacable ante los asesinados".

Al narcodictador Nicolás Maduro y a sus ministros sólo les importa la muerte de quienes reprimen violentamente a los manifestantes. Las de la oposición les importa un bledo.

Al final la fuente destacó:

-Cinco de las personas fallecidas en el mes de febrero, durante las protestas, perecieron en circunstancias que no se corresponden con los patrones que se observan en el resto de los casos.

Una de ellas es Asdrúbal Rodríguez, cuyo cuerpo fue hallado en la avenida Boyacá el 20 de febrero, tras ser sorprendido presuntamente en un robo. Un par de funcionarios de POLICHACAO están detenidos.

Dos días después, el estudiante Danny Melgarejo, de 20 años, recibió dos puñaladas en Táchira. Otra víctima fue Arturo Martínez, militante del PSUV y hermano del diputado Francisco Martínez, quien supuestamente murió al recibir un disparo en el pecho cuando intentaba retirar una barricada; no obstante, la familia no quiso pronunciarse al respecto.

Esta última semana fallecieron también Jimmy Vargas (34), cuando cayó accidentalmente de un segundo piso mientras protestaba; y Joan Quintero (33), quien murió en las afueras de un local saqueado en Aragua. Las autoridades investigan un ajuste de cuentas.

Cada día más angustia

El artículo que se reproduce a continuación por su importancia histórica es de la autoría de Gloria Cuenca, quien fuera mi profesora de Ética Periodística en la Escuela de Periodismo de la Universidad Central de Venezuela. Fue publicado con el mismo título del capítulo el 2 de marzo de 2014:

-Cada día que pasa, la angustia se incrementa. Los jóvenes estudiantes se hartaron de esta situación catastrófica que vive Venezuela. Como mujer, madre, abuela, docente y venezolana, comparto la angustia de todas las madres venezolanas que en muchos casos acompañan a sus hijos a la protesta, ante el temor de la terrible represión que la Guardia Nacional, apoyada y asesorada por cubanos invasores, han desatado contra una juventud que ha decidido afrontar de una vez por todas la situación política, económica, de inseguridad y represión a la que se ve sometida cotidianamente.

La relación del educador con sus estudiantes, cuando es fructífera y respetuosa, es de las relaciones más importantes e intensas que se puedan dar. Tuve una enorme suerte, por cuanto fui alumna de gente increíble, que me dejó sus conocimientos, la inquietud por seguir adelante, el respeto profundo por esta profesión y el amor de mis discípulos por muchos años. No los menciono por su nombre, por cuanto el espacio no alcanza.

Debo advertirles a quienes tienen la pretensión de dirigir a esos jóvenes desde el Gobierno que han dejado una estela de horror en estos tiempos. Los muchachos y muchachas asesinados en las marchas no permiten que nos olvidemos de lo que han hecho con una juventud deseosa, simplemente, de libertad. ¿Se creen con derecho a impedir que los jóvenes protesten y expresen sus anhelos? No saben nada de la historia de Venezuela. Si conocieran algo, recordarían la Sociedad Patriótica de Venezuela, formada por jóvenes independentistas, apasionados por la libertad. Todo el siglo XIX fue de trascendencia para los jóvenes y sus luchas.

El siglo XX se inicia con las terribles dictaduras de Castro y Gómez. La conocida generación del 28 hace historia al enfrentarse aguerridamente al dictador. 1936 es otro momento de nuestra historia en donde los jóvenes demuestran su amor por la patria. Muerto el dictador, el país asume una nueva actitud con la participación de los jóvenes. Se forman las asociaciones estudiantiles, con la FEV como principal motor y luego la UNE. Durante la terrible época de Pérez Jiménez, los jóvenes, sin importarnos la represión ni tampoco los consejos y advertencias de los padres, allí estuvimos. Así aparece la FCU y demás organizaciones de los jóvenes y se configura la generación del 58. Recientemente, el año 2007, ante el cierre de RCTV, los volvimos a sentir. ¡Respeto para los estudiantes!

Ese artículo, a cuatro días de la conmemoración del Día Nacional del Periodista en 2022, cobra actualidad, porque todavía, como en la guerra de independencia, los jóvenes están a la vanguardia de la lucha por la libertad secuestrada en febrero de 1999. Centenares han pagado con su vida el amor a Venezuela. La siniestra Guardia Nacional y los demás cuerpos de exterminio de la narcodictadura son cada vez más letales, ante la impunidad que impulsa el régimen por intermedio de la fiscalía general de la República y la Defensoría del Pueblo. Las agresiones contra periodistas y medios continúan con el apoyo del Tribunal Supremo de Justicia, lo que hizo posible que un exgolpista, el teniente (retirado) Diosdado Cabello, se adueñara del diario El Nacional. Por otro lado, la mayoría de los portales digitales están arbitrariamente bloqueados y la privacidad telefónica es constantemente invadida por la narcodictadura, de tal manera que, según reporte de Georgette S., de El Diario, publicado el 22 de junio, con información transparencia de la compañía de telefonía móvil Telefónica, en el país se ha multiplicado por cuatro las peticiones a la compañía por parte de organismos de seguridad del régimen de Nicolas Maduro, para intervenir números de teléfono de ciudadanos, una cifra de 861.004 en 2021.

Agresiones contra activistas de Derechos Humanos

Los ataques contra los activistas en derechos humanos han sido constantes en la narcodictadura de Nicolás Maduro, bajo el silencio cómplice de la Defensoría del Pueblo y la fiscalía general de la República.

Lo propio hizo el tirano Hugo Chávez quien raíz de un informe crítico de su régimen Venezuela expulsó del país al director de la ONG 'Human Rights Watch', José Miguel Vivanco, y al subdirector Daniel Wilkinson, en septiembre de 2008.

Esa misma institución, en diciembre de 2021, en la voz de su director para las Américas, José Miguel Vivanco, denunció desde Washington, D.C., que "Las autoridades venezolanas acosan y persiguen penalmente a organizaciones de la sociedad civil que llevan a cabo la tarea esencial de responder a la emergencia humanitaria en el país".

Y agregó:

-Desde noviembre de 2020, las autoridades venezolanas que responden a Nicolás Maduro y sus fuerzas de seguridad han llevado a cabo una campaña sistemática contra organizaciones humanitarias y de derechos humanos que trabajan en el país, que ha incluido congelar sus cuentas bancarias, emitir órdenes de detención y allanar sus oficinas, además de detener a algunos de sus miembros para interrogarlos. A su vez, las autoridades bancarias están aplicando restricciones que limitan el trabajo de las organizaciones de la sociedad civil, y el gobierno no ha brindado los permisos necesarios para que personal internacional pueda ingresar en Venezuela a algunas de las principales organizaciones humanitarias.

Luego expresó:

-Las autoridades venezolanas han dejado en evidencia que les interesa más reprimir al pueblo que ayudarlo al bloquear el trabajo de las organizaciones humanitarias en un contexto de emergencia humanitaria, en el cual niños y niñas pasan hambre y los pacientes con Covid-19 necesitan recibir tratamiento adecuado"

Igualmente indicó:

-La comunidad internacional debe instar categórica y urgentemente a las autoridades venezolanas a que permitan que las organizaciones humanitarias y de derechos humanos venezolanas e internacionales lleven a cabo sus actividades para evitar que se sigan perdiendo vidas".

El 23 de noviembre, el Ministerio Público dictó una orden de arresto contra seis trabajadores humanitarios de la organización no gubernamental Alimenta la Solidaridad –que gestiona 239 comedores donde comen 25.000 niños y niñas y entrega 1.500 comidas gratis cada día a trabajadores de la salud que brindan asistencia durante la pandemia – y de la organización internacional Save the Children. Se los acusa de legitimación de capitales y asociación ilícita. Los activistas no han tenido acceso al expediente penal de la causa en su contra.

El 24 de noviembre, agentes del Servicio Bolivariano de Inteligencia Nacional de Venezuela (SEBIN) allanaron la ex sede de Alimenta la Solidaridad en Caracas sin mostrar ninguna orden. Al día siguiente, requisaron la vivienda de los padres del fundador de la organización y preguntaron por su paradero.

El trabajo que llevan adelante estos comedores es esencial. La Oficina de Coordinación de Asuntos Humanitarios de las Naciones Unidas (UNOCHA) considera que la seguridad alimentaria y la desnutrición son problemas graves en Venezuela. En 2019, una evaluación del Programa Mundial de Alimentos estimó que 2,3 millones de venezolanos se encontraban en situación de inseguridad alimentaria grave y otros 7 millones en situación de inseguridad alimentaria moderada. En algunas comunidades de bajos ingresos, más del 14 % de los niños y niñas menores de cinco años presentaban desnutrición, según indica un informe publicado por Cáritas en julio.

Hay más pruebas de tales agresiones, según lo expresado por Vivanco en el documento presentado en la capital norteamericana.

En efecto, el 15 de diciembre, agentes de la Fuerza de Acción Especial (FAES) de la Policía Nacional Bolivariana (PNB) allanaron la sede de la organización de derechos humanos Convite, que da seguimiento a la situación de los derechos de los adultos mayores en Venezuela y ha distribuido ayuda humanitaria a 4.500 personas en varios estados.

-Los agentes –explicó- le presentaron al personal de Convite un documento que dijeron era una orden de allanamiento, la cual les permitía buscar explosivos, armas y evidencia de actividades relacionadas con terrorismo. No les no entregaron una copia de dicho documento.

Los agentes confiscaron tres computadoras y dos teléfonos celulares que retuvieron durante varias horas y trasladaron al director de Convite, Luis Francisco Cabezas, y a su administradora, Patrizzia Latini, a una sede de FAES para interrogarlos. Los agentes confiscaron sus teléfonos, no les permitieron contactar a sus abogados y los interrogaron durante dos horas antes de permitirles irse.

Después recordó:

-La FAES ha estado implicada en gravísimos abusos que incluyen ejecuciones extrajudiciales. La Alta Comisionada de las Naciones Unidas para los Derechos Humanos, Michelle Bachelet, ha manifestado preocupación ante la posibilidad de que las autoridades hayan usado a agentes de la FAES para infundir temor en la población local al hacer uso excesivo de la fuerza en el contexto de operaciones de seguridad, allanar viviendas, confiscar artículos personales y perpetrar actos de violencia.

Asimismo, el 20 de noviembre, la Superintendencia de las Instituciones del Sector Bancario, SUDEBAN, exigió que los bancos realizaran un monitoreo más riguroso de las operaciones financieras de organizaciones sin fines de lucro nacionales e internacionales a fin de identificar a quienes envían y reciben fondos de esas organizaciones. Alimenta la Solidaridad expresó que SUDEBAN también dispuso congelar sus cuentas bancarias e impidió que accediera a los fondos necesarios para llevar a cabo sus actividades humanitarias.

SUDEBAN también limitó el uso de las tarjetas prepagas en dólares estadounidenses que han estado utilizando empresas y organizaciones para pagar sueldos y beneficios a sus empleados ante la devaluación del Bolívar, la moneda venezolana. Esta medida limita aún más a la capacidad de organizaciones humanitarias y de derechos humanos de conservar su personal y realizar sus actividades.

Igualmente destacó:

-También en noviembre, el poderoso político Diosdado Cabello, aliado de Nicolás Maduro y miembro electo de la próxima Asamblea Nacional, anunció que la nueva Asamblea Nacional adoptaría una ley para regular la posibilidad de que las organizaciones obtengan fondos internacionales.

Está previsto que los nuevos miembros de la Asamblea Nacional asuman el 5 de enero de 2021, pese a la amplia condena internacional a las elecciones legislativas celebradas el 6 de diciembre, que no fueron ni libres ni justas. En varias instancias, Cabello ha amenazado con establecer medidas para regular los fondos internacionales destinados a organizaciones en el país, incluso cuando presidía la Asamblea Nacional Constituyente, el poder legislativo de facto en Venezuela desde 2017.

Asimismo, apuntó:

-El 18 de diciembre, expertos de derechos humanos de la ONU exhortaron a las autoridades venezolanas a poner fin a la represión a organizaciones de la sociedad civil. Conforme al derecho internacional, los gobiernos deben asegurar que los defensores de derechos humanos puedan llevar a cabo sus actividades legítimas sin sufrir represalias, amenazas, intimidación, acoso, discriminación u obstáculos legales innecesarios. La Corte Interamericana de Derechos Humanos ha establecido que "[E]l respeto de los derechos humanos en un Estado democrático depende, en gran parte, de las garantías efectivas y adecuadas de que gocen los defensores de derechos humanos para realizar libremente sus actividades, y que es conveniente prestar particular atención a acciones que limiten u obstaculicen el trabajo de los defensores de derechos humanos".

El derecho internacional de los derechos humanos también obliga a las autoridades venezolanas a respetar, promover y asegurar los derechos económicos, sociales y culturales en Venezuela, lo cual incluye el derecho a un estándar de vida adecuado, a la alimentación y al más alto nivel de salud posible.

Cabe recordar que Javier Tarazona, director de la ONG local FUNDAREDES fue detenido arbitrariamente el 2 de julio de 2021 tras intentar denunciar acoso por agentes de las fuerzas de seguridad ante la fiscalía general en la ciudad de Coro (oeste de Venezuela), y acusado de incitación al odio y terrorismo.

A la fecha de redacción de este capítulo, 25 de junio de 2022, el activista continuaba siendo huésped forzoso de una de las mazmorras del siniestro SEBIN, a pesar de no haber cometido delito alguno y de que su salud se ha deteriorado gravemente por falta de tratamiento médico.

Con él había sido detenidos por el mismo cuerpo represivo los también activistas de FUNDAREDES Rafael Tarazona y Omar de Dios García, quienes fueron excarcelados condicionalmente el 26 de octubre de 2021.

El 23 de junio de 2022 la ONG Centro para los Defensores y la Justicia (CDJ) denunció que, en mayo, se registraron 46 ataques contra organizaciones y activistas de derechos humanos, lo que supone un incremento del 70 % respecto a abril, cuando se computaron 27 casos.

De las 46 agresiones contra activistas de derechos humanos, 29 fueron de estigmatización, 11 de intimidación y hostigamiento, 3 amenazas, 2 de judicialización y uno que no especificó.

El 16 de mayo del mismo año la periodista Bárbara Méndez Jaimes, del medio El Impulso, de Barquisimeto, reseñó la Nota de Prensa emitida por Rafael Narváez, abogado y defensor de los derechos civiles, donde aseguró que la Asamblea Nacional electa en el 2020 busca aprobar la ley de Cooperación Internacional con el objetivo de asumir el control total del funcionamiento de las ONG, sólo ejercen funciones en favor de la ciudadanía que le han sido vulnerados sus derechos como la vida, salud, alimentación, los servicios básicos, libertad personal, acceso a una justicia imparcial e independiente y demás derechos y garantías constitucionales qué el Estado no les garantiza.

-El parlamento –sentenció- debe legislar en favor de la sociedad y no para perseguir.

El 28 de junio de 2022 la periodista Orianny Granado, de Tal Cual, reportó:

-Este martes 28 de junio se conoció la decisión del Juzgado Cuarto del Estado Zulia, desde donde otorgaron el sobreseimiento del caso que se seguía en contra de los cinco activistas de la ONG Azul Positivo.

Con esta decisión los cinco activistas de esta organización de la sociedad civil dedicada a orientar y prevenir el Virus de Inmunodeficiencia Humana (VIH) en el estado Zulia, quedan bajo libertad plena y sin medidas cautelares.

Luego apuntó:

-Recordemos que el 12 de enero del 2021 efectivos de la Dirección Nacional de Contrainteligencia Militar (DGCIM) en compañía de funcionarios del Servicio de Investigación Penal del Zulia (SIPEZ) se llevaron detenidos a los cinco trabajadores de esta ONG.

Los mismos fueron excarcelados el 10 de febrero de ese mismo año bajo medida de presentación, luego de que se les imputaran los cargos relacionados con el terrorismo, la financiación del terrorismo y el blanqueo de capitales, no han sido retirados.

El Tribunal Cuarto de Control del Circuito Judicial Penal de Zulia otorgó una medida cautelar sustitutiva de la privativa de libertad que había sido impuesta a los ciudadanos Layners Gutiérrez, Yordy Bermúdez, Johan León, Alejandro Gómez y Luis Ferrabuz, miembros de la ONG Azul Positivo.

Esta organización lleva trabajando más de 16 años en temas humanitarios, principalmente en la prevención del VIH en el Estado Zulia y lo hace de la mano de varias agencias de la Organización de Naciones Unidas.

Después indicó:

-Según un balance publicado en el referido portal referente a la actividad realizada en 2020, la ONG atendió a 9.074 personas en nueve municipios del estado en diversas actividades e intervenciones comunitarias en 2020; totalizó 43.992 personas de la región atendidas de forma directa entre 2015 y 2020 a través de talleres, sesiones educativas, atenciones médicas, psicológicas, entregas de insumos y otros servicios.

Más sobre la arbitraria prisión de Javier Tarazona.

El 1 de julio de 2022, un día antes de que el activista en derechos humanos Javier Tarazona cumpliera un año de arbitraria detención por parte de la narcodictadura de Nicolás Maduro, el portal Costa del Sol le dio cabida al reportaje que sobre ese caso escribió la periodista Stefanny Fiffe, de Crónica Uno, que comenzó así:

-A Javier Tarazona, director de la ONG FUNDAREDES, lo detuvo el SEBIN el pasado 2 de julio de 2021. Su hermano, Rafael Tarazona, denunció que, por las condiciones de su reclusión, su estado de salud se deteriora con nuevas patologías como la neumonía y la psoriasis.

El estado de salud de Javier Tarazona, director de la organización FUNDAREDES, es complicado. Tiene problemas de circulación, neumonía producto del COVID-19 y desarrolla una psoriasis –enfermedad en la piel– debido a sus condiciones de reclusión.

Luego comentó:

-Tras un año de su detención no ha recibido atención médica. Actualmente tiene una irritación de colon y un especialista no lo ha evaluado.

Además, Javier se ha visto afectado por la violencia psicológica que recibe en las celdas del Servicio Bolivariano de Inteligencia Nacional (SEBIN), en El Helicoide, que comparte con otros presos políticos. Su hermano, Rafael Tarazona, contó que en los primeros días de su detención sufrió tortura física y psicológica. Pese las denuncias sobre esta situación, ningún organismo del Estado se pronunció.

(Ese es un silencio cómplice de la írrita fiscalía general de la República y de la Defensoría del Pueblo. Al momento de su detención había denunciado ante el primero de dichos organismos las arbitrariedades de los organismos represores del régimen)

Después citó las declaraciones del hermano de la víctima, Rafael Tarazona, a Crónica.Uno donde denunció que el presidente de FUNDAREDES se contagió del coronavirus y no recibió atención médica, sino que solo le hicieron unas pruebas de descarte.

-El martes, 14 de junio, -explicó- lo llevaron al médico para unos exámenes de sangre, pero no sabemos los resultados. Solo nos dicen que debemos llevar los medicamentos, pero no es suficiente para que lleve una salud estable.

Lo que pedimos es que, por favor, le den la libertad a Javier, que lo único que ha hecho es pedirle al gobierno que investiguen las irregularidades desde su fundación. Si el gobierno quiere de mi hermano un silencio, pues se hará, pero por favor no lo dejen morir en una cárcel donde él no tiene que estar.

Crónica.Uno añadió:

-Su madre, la señora, Teresa de Jesús Sánchez García, también pidió al Estado venezolano que libere a sus hijos. Asimismo, aseguró que ambos tienen 20 años trabajando por el bienestar de la ciudadanía.

Si debo pedirle piedad al Estado Venezolano, lo haré. Mis hijos no son delincuentes, solo trabajan para formar a mejores ciudadanos y ser la voz de muchas personas. Quiero la libertad plena, se los pido como madre", expresó en una rueda de prensa de FUNDAREDES el viernes 1 de julio.

Posteriormente recordó:

-José Javier Tarazona, director de la ONG; Omar de Dios García, abogado y Rafael Tarazona, activista de la organización, fueron detenidos el 2 de julio de 2021 por funcionarios del SEBIN. Ese mismo día los trasladaron a Caracas.

La aprehensión se realizó cuando salieron de la sede del Ministerio Público, en el Estado Falcón. Los tres activistas acudieron a esa instancia para denunciar el hostigamiento y persecución por parte de funcionarios de la Policía del Estado Falcón.

Durante la audiencia de presentación –el 3 de julio 2021– fueron imputados por los delitos de traición a la patria, terrorismo e incitación al odio. No se les permitió la defensa privada.

Sobre ese caso Javier Tarazona comentó que la detención fue completamente arbitraria, porque no se permitió la defensa privada y los 45 días previstos por la ley para proceder a la investigación se fue alargando.

Por su parte, Rafael Tarazona, aseguró que la causa de la detención de su hermano fue porque solicitó una investigación acerca de la "relación directa entre el Estado venezolano y los grupos terroristas del Ejército de Liberación Nacional (ELN) y las Fuerzas Armadas Revolucionarias de Colombia (FARC)".

Crónica.Uno destacó después que Javier Tarazona, quien también es el presidente del Colegio de Profesores de Venezuela, estuvo ante la fiscalía general del Ministerio Público en Caracas el 30 de junio de 2021.

-En esa sede –refirió- mostró unas fotografías donde presuntamente aparecen los tres cabecillas del ELN reunidos con el exministro de Interior y Justicia, Ramón Rodríguez Chacín, y su esposa.

Rafael Tarazona adicionó que "Más allá de esa denuncia pública, existen 1600 denuncias que reposan en las diferentes fiscalías de Venezuela, exigiendo al estado venezolano la investigación de hechos irregulares con presencia de grupos paramilitares en el territorio nacional".

Igualmente, el portal digital puso de manifiesto que la audiencia preliminar la difirieron en 13 oportunidades, hasta el 9 de diciembre de 2021, y que a Rafael Tarazona y a Omar de Dios solo les dejaron el delito de promoción e instigación al odio a título de cómplice no necesario.

-Mientras que a Javier Tarazona –apuntó- lo pasaron a juicio con los delitos de terrorismo e instigación al odio. Rafael, quien pasó 116 días detenido, explicó que a los tres activistas les retiraron el delito de traición a la patria. Rafael aseguró que, hasta la fecha, se desconoce cuándo se realizará el juicio de Javier.

La justicia del castrochavismo-madurismo-militarismo convirtió en héroe al criminal Ramón Rodríguez Chacín, y en villanos, a quienes lo acusaron de compartir con grupos terroristas colombianos, tal felonía bajo la complicidad de la fiscalía general de la República.

El día de la audiencia preliminar, la juez no permitió que estuvieran a los abogados del Foro Penal Venezolano, Gonzalo Himiob, Rachell González y Alfredo Romero. Por esta negativa les impusieron un defensor público.

"Básicamente se nos vulneró otro derecho a la defensa privada. Ese 9 de diciembre nos pasan a juicio y hasta la fecha no hemos tenido ningún tipo de definición de fecha para la audiencia de juicio. Existe un retraso procesal", denunció Rafael.

Más adelante la fuente digital puntualizó:

-A Rafael Tarazona y Omar de Dios los excarcelaron el 26 de octubre de 2021 a las 2:00 a. m. A ambos se les fijó una medida cautelar de régimen de presentación, de cada ocho días, y prohibición de la salida del país.

La medida cautelar se mantiene hasta la actualidad, pero ahora con una presentación ante el Tribunal de Juicio cada 15 días. Rafael Tarazona se ha presentado 10 veces desde esa audiencia preliminar.

El Centro para los Defensores y la Justicia (CDJ) registró 46 ataques e incidentes de seguridad contra activistas y organizaciones de derechos humanos en Venezuela en mayo de 2022, según su reporte mensual publicado en junio. Costa del Sol, con información de Crónica.Uno.

El 1 de julio de 2022 la periodista Mairen Dona López, de El Pitazo, reportó:

-Caracas. - Organizaciones estudiantiles y gremiales del Estado Táchira, exigieron este viernes la liberación del director de la ONG FUNDAREDES, Javier Tarazona, quien cumplirá este 2 de julio, un año detenido por funcionarios del Servicio Bolivariano de Inteligencia Nacional (SEBIN).

MDL agregó:

-Durante una rueda de prensa, este viernes, 1 de julio, los voceros expresaron el temor que sienten por la vida de Tarazona y que se sume a la lista de privados de libertad que mueren en centros de detención. De igual manera, rechazaron las dilataciones en el caso judicial, debido a que desde el pasado 9 de diciembre de 2021, se encuentran esperando que las autoridades fijen la fecha para la audiencia.

´No se le ha garantizado el derecho a la defensa y al debido proceso. Nuestro llamado sigue siendo el mismo; libertad plena para Javier Tarazona, y nuestros compañeros Rafael Tarazona y Omar de Dios García, quienes fueron excarcelados, pero siguen con régimen de presentación, indicó Clara Ramírez, coordinadora de documentación y derechos humanos de FUNDAREDES.

La madre del defensor de los derechos humanos, Teresa Sánchez, también se pronunció para pedir nuevamente la liberación de su hijo. Manifestó que al igual que Tarazona, se siente presa al no tenerlo a su lado y verlo crecer como ser humano.

´Le pido al Estado que tenga un poquito de consideración y piedad. Como madre le pido eso. A cada uno de ellos (Javier Tarazona, Rafael Tarazona y Omar de Dios García) les hace falta su familia. Mi hijo es una persona de bien´, afirmó Teresa Sánchez.

Por su parte, Mauricio Pernía, representante de la Coalición Anticorrupción Táchira, indicó que Tarazona fue detenido de manera arbitraria por reclamar derechos humanos, un elemento que "no debería ser motivo para privarlo de libertad." Por lo tanto, pidió a toda la sociedad civil alzar la voz ante la violación de derechos fundamentales.

De igual modo, Kenny Ramírez, líder estudiantil en esa entidad venezolana, responsabilizó al Gobierno por la salud del activista y recordó que Tarazona representa para los estudiantes la lucha incansable de hombres y mujeres que a diario asisten a la universidad a formarse para sacar el país adelante.

-Los jóvenes nuevamente –aseguró- alzamos la voz para que inmediatamente sea liberado porque nadie puede estar preso por pensar distinto. No es posible que existan tantos detenidos políticos por querer ver un cambio", expresó Ramírez.

Finalmente, Miguel Ochoa, representante del Colegio de Profesores de Táchira, expresó su preocupación por las condiciones de salud en las que se encuentra el director de FUNDAREDES, a quien calificó como un docente preocupado y un líder que se comprometió con los derechos de los trabajadores de la educación.

El medio indicó también que "Luego de 13 audiencias diferidas, el 9 de diciembre de 2021 se realizó la audiencia preliminar contra los miembros de la ONG y todos pasaron a juicio". Asimismo, indicó que "En el caso de Javier Tarazona y Larry Osorio, quedaron privados de libertad, mientras que se mantuvieron las cautelares sustitutivas (régimen de presentación cada 15 días) a Omar de Dios García y José Rafael Tarazona.

En la mal llamada justicia de la narcodictadura ningún preso recobra su libertad plena, aunque sea inocente de los cargos en su contra.

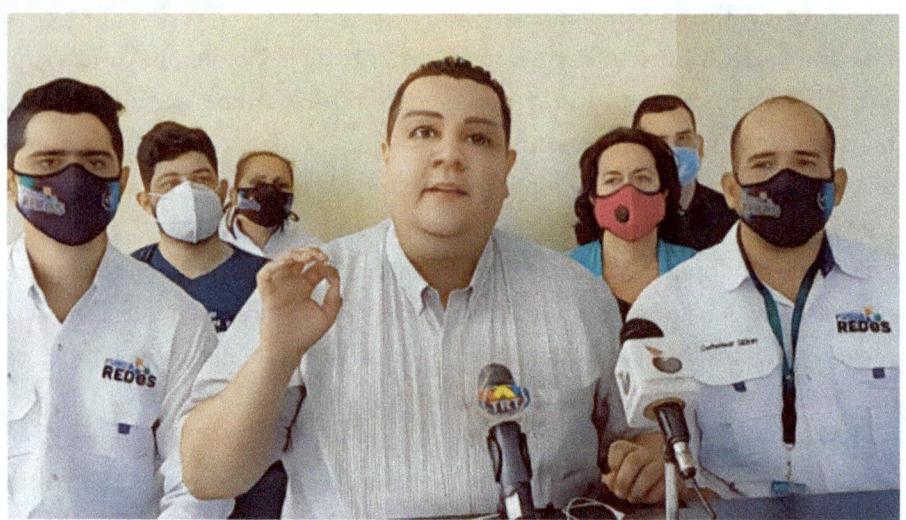

El 18 de marzo de 2022 El Pitazo reportó:

-Caracas. - La Misión de Determinación de Hechos para Venezuela presentó este viernes, 18 de marzo, la actualización de su informe en el que denunciaron que el director de la ONG FUNDAREDES, Javier Tarazona, ha sido víctima de torturas por parte de los organismos de seguridad del Estado.

La Misión ha recibido información de que el Sr. Tarazona ha sido sometido a tortura, incluida la tortura psicológica o blanca", dijo la representante de la Misión de Determinación de Hechos para Venezuela.

Tarazona se encuentra detenido en el Helicoide del SEBIN desde julio de 2021 y fue acusado de terrorismo e incitación al odio en diciembre pasado.

Más adelante el medio recordó que el pasado mes de enero, la esposa del activista, Kenny Molina, dijo que Tarazona padece de hiperinsulinismo, problemas de frecuencia cardíaca elevada, arritmia cardíaca elevada e insuficiencia venosa grado II, entre otras patologías, y que su familia teme que, por estos problemas de salud, pueda sufrir una muerte súbita.

Por otra parte, la Misión de Determinación de Hechos manifestó preocupación por el estado de salud del periodista Roland Carreño, quien sigue detenido en El Helicoide, a pesar de las irregularidades en su caso, las cuales fueron resaltadas en el informe pasado. Asimismo, reportaron los casos de Juan Carlos Marrufo y María Auxiliadora Delgado, quienes fueron detenidos arbitrariamente en 2019 y permanecen en la sede Boleíta de la Dirección General de Contrainteligencia Militar a pesar de las reiteradas solicitudes de traslado.

El 20 de diciembre de 2021 Venezuela Amnistía Internacional denunció:

-Javier Tarazona (director de la ONG local FUNDAREDES) fue detenido arbitrariamente el 2 de julio de 2021 tras intentar denunciar acoso por agentes de las fuerzas de seguridad ante la fiscalía general en la ciudad de Coro (oeste de Venezuela), y acusado de incitación al odio y "terrorismo". Su audiencia preliminar tuvo lugar el 16 de diciembre, tras más de cinco meses de demoras. Javier Tarazona es un preso de conciencia, al haber sido detenido arbitrariamente por su labor de defensa de los derechos humanos. Su salud se ha deteriorado gravemente por falta de tratamiento médico. Instamos a las autoridades a ponerle en libertad inmediata e incondicionalmente.

La denuncia fue acompañada de un exhorto de llamamiento de la libertad de Tarazona y un modelo de carta en tal sentido para ser enviada al narcodictador Nicolás Maduro cuyo texto rezaba:

Señor Nicolás Maduro:

Me alarma profundamente que el preso de conciencia y defensor de los derechos humanos Javier Tarazona, director de la organización FUNDAREDES, continúe detenido y sometido a un proceso penal injusto. Debe ser liberado inmediata e incondicionalmente, con particular urgencia para que pueda recibir la atención y tratamiento médico que requiere.

FUNDAREDES monitorea, documenta y denuncia abusos de derechos humanos cometidos por agentes no estatales en zonas fronterizas de Venezuela. La acusación que enfrenta, y por la que Javier Tarazona continúa injustamente detenido, pareciera tener motivación política ya que agentes del SEBIN (Servicio Bolivariano de Inteligencia Nacional) le detuvieron sin orden y el tribunal le acusó de "terrorismo", ambos elementos del bien documentado patrón de detenciones arbitrarias. Otros dos defensores de

FUNDAREDES, Rafael Tarazona y Omar de Dios García, también están sujetos a un proceso penal arbitrario que debe ser cerrado inmediatamente.

Lo instamos a liberar inmediata e incondicionalmente al preso de conciencia Javier Tarazona, a cerrar todas las investigaciones penales sobre estos tres defensores de los derechos humanos y poner fin al acoso y la criminalización de organizaciones no gubernamentales en Venezuela.

Atentamente, [NOMBRE]

(¡Liberen al profesor Tarazona!)

El 4 de julio de 2022 David Gómez Gamboa, director de la ONG Aula Abierta, docente y coordinador de la Comisión de Derechos Humanos de la Facultad de Ciencias Jurídicas y Políticas de La Universidad del Zulia, publicó en El Pitazo el texto que sigue:

-El 2 de julio se cumplió un año de la injusta detención del profesor universitario Javier Tarazona, quien además es un defensor de derechos humanos que contaba con medidas cautelares otorgadas por la Comisión Interamericana de Derechos Humanos (CIDH) desde junio de 2020 ante los graves riesgos, amenazas e intimidaciones que sufría por el ejercicio de su vocería crítica.

Quiero aprovechar la oportunidad para recordar que los universitarios críticos, así como los defensores de derechos humanos, suelen ser puestos en la mira de los regímenes autoritarios, pues obviamente, en las dictaduras no son bienvenidos ni el conocimiento científico crítico, ni los informes o declaraciones públicas que hacen visibles las violaciones de derechos humanos. La situación es muy parecida a la de Cuba y Nicaragua.

La detención de Tarazona es un ejemplo más de la reducción del espacio cívico en Venezuela, la cual es tan grave que ha sido reiteradamente denunciada, inclusive por órganos internacionales de derechos humanos, entre estos varias Relatorías de Naciones Unidas, el Alto Comisionado de la ONU para los Derechos Humanos, la Misión de Determinación de Hechos de la ONU y la CIDH.

Tal como ha sido reiterado en Venezuela contra los "enemigos del gobierno", también llamados "contrarrevolucionarios", a Tarazona junto a otros activistas de FUNDAREDES, le imputaron delitos de terrorismo, traición a la patria e instigación al odio, reflejos de la crisis gravísima del sistema de justicia en el país.

Las violaciones han sido muchas, no solo por la detención arbitraria y las irregularidades en relación al debido proceso, sino por la comisión de posibles torturas, tratos crueles, inhumanos y degradantes contra el profesor universitario Tarazona, lo cual debe ser investigado y sancionado.

Luego se preguntó: ¿Por qué Tarazona era tan incómodo para el gobierno de Maduro?, respondiendo al respecto:

-Tarazona es profesor de Educación Integral en la Universidad Pedagógica Experimental Libertador (UPEL) y docente invitado de pregrado y postgrado en universidades de Chile, Colombia, México y Bolivia. Ha combinado la docencia universitaria con el activismo crítico en materia de derechos humanos.

En los últimos años, sus denuncias llegaron a la prensa nacional e internacional, así como a instancias internacionales. Entre ellas destacan trabajos sobre esclavitud moderna en Venezuela, las mafias organizadas que controlan el suministro de gasolina en las regiones fronterizas del país, la vinculación de funcionarios del Estado con grupos armados irregulares y la crisis educativa, tanto de escuelas y liceos, como de universidades.

Tras lo cual volvió a preguntarse: ¿Qué podemos hacer desde nuestros espacios?, respondiendo:

-La sociedad civil y la comunidad universitaria de Venezuela han exigido la liberación de Tarazona y su equipo desde el primer día de la detención arbitraria. Han manifestado preocupación por su salud, ante la necesidad de atención médica especializada.

Esta labor de denuncia debe seguirse haciendo desde las universidades y las organizaciones de la sociedad civil.

El caso del profesor Tarazona representa un ejemplo más que demuestra que los universitarios críticos, así como los defensores de derechos humanos, son sujetos que requieren especial protección en contextos autoritarios, porque en casos como éste se transgreden además de los derechos humanos ya referidos anteriormente, la libertad académica, la libertad de expresión y de pensamiento. Los nuevos principios interamericanos sobre libertad académica son claros al vincular el valor de estos derechos con la democracia.

Luego de 365 días tras las rejas, el profesor universitario y director de la ONG @FUNDAREDES, Javier Tarazona, es víctima de un patrón de persecución a la disidencia en Venezuela. Su salud y su vida están en riesgo. Él no cometió ningún crimen.

Y finalizó proclamando:

- ¡Defender derechos humanos no es un delito! #LiberenaJavierTarazona".

El sábado 9 de julio de 2022 el periodista Daniel Lozano, de El Mundo, España, dio a la publicidad el reportaje "Torturas, asesinatos y detenciones de activistas: la 'normalización' de Maduro", cuyo contenido desmontó la propaganda oficial dirigida convencer al mundo que la situación socioeconómica de Venezuela se había normalizado gracias a las acertadas actuaciones de la narcodictadura, mentira imposible de digerir tanto para la comunidad nacional como para los venezolanos que no formamos parte del minúsculo porcentaje que amasó fortuna a costa de la miseria masiva de los sectores profesionales y no profesionales del país y se dan la gran vida en Madrid y otras capitales del mundo, derrochando a manos llenas y sin escrúpulo alguno el dinero mal habido.

Será a esos delincuentes de cuello blanco, que no representan al país en su totalidad, a los cuales se refiere la tramposa propaganda oficialista.

Así comenzó el reportaje de Daniel Lozano:

-Torturas, asesinatos, detenciones arbitrarias, acusaciones falsas y mucha impunidad. La nueva oleada represiva del chavismo insiste contra los defensores de derechos humanos y añade a dirigentes de Bandera Roja, organización marxista en la oposición, que ha liderado diferentes protestas. Pero, además, suma un caso inédito hasta ahora: la detención y muerte de un agente del Cuerpo de Investigaciones Científicas Penales y Criminalísticas (CICPC), la policía judicial venezolana.

La autopsia conocida de Juan Pantoja, quien cayó en manos de la Dirección General de Contrainteligencia Militar (DGCIM), confirma que el detective murió por "asfixia mecánica por sumersión". Este cuerpo militar ha convertido su sede central de Caracas en uno de los principales centros de tortura del continente.

El mismo agente avisó a sus compañeros de las torturas que estaba sufriendo tras su detención. "Fue sumergido en una pipa (depósito) de 200 litros que había en el lugar", confirmó Tamara Suju, activista de derechos humanos. A Pantoja le acusaban de ayudar a la fuga de Reyes Hernández, propietario de una hacienda y perseguido por el chavismo, que pudo huir del país.

Edema cerebral severo, edema y congestión pulmonar, hemotórax masivo y otras lesiones asoman en la autopsia del detective, un nuevo caso de torturas en la Venezuela chavista. La Corte Penal Internacional ya investiga a Nicolás Maduro y a sus generales por ejecuciones extra sumariales, torturas, violaciones sexuales, desapariciones forzadas y detenciones arbitrarias.

Después escribió:

- "Son momentos oscuros para los derechos humanos en Venezuela, un abanico de crímenes de Estado en vivo y en directo. Están tratando de inmovilizar a la población", resumió el exfiscal Zair Mundaray, quien desde el exilio informó al país de lo que sucedía en la comisaría de Apure.

La Unión Europea y Canadá acaban de denunciar otro asesinato, el de Virgilio Trujillo, líder indígena del Amazonas y defensor ambiental, quien protegía los territorios ancestrales de los piaroas de la minería ilegal y las guerrillas colombianas, aliadas de Maduro.

El asesinato de Pantoja coincide con la nueva arremetida contra defensores de derechos humanos, sociales y laborales, "quienes representan un obstáculo para los planes del régimen de normalizar la dictadura, por eso los secuestran y persiguen", denunció Andrea Tavares, secretaria general de La Causa R.

Entre ellos está Gabriel Blanco, dirigente de la Alianza Sindical Independiente y trabajador humanitario de la ONG Éxodo, a quien acusan de terrorismo y asociación para delinquir, herramientas habituales de las tres dictaduras continentales contra sus perseguidos.

Según los datos del Foro Penal, actualmente permanecen en las mazmorras del chavismo 236 presos políticos, entre ellos 129 militares y 14 mujeres.

Su trabajo con las comunidades más vulnerables, sobre todo en derechos de la mujer, le había convertido en blanco de la persecución revolucionaria. Su mujer, Diannet Blanco, es miembro de los Comités de Derechos Humanos y exprisionera política del chavismo.

Finalmente destacó:

-Se trata sólo de uno entre los siete detenidos de las últimas horas, que incluyen a dirigentes y activistas de Bandera Roja. La maestra jubilada Jenny Pérez, los dirigentes Reynaldo Cortés y Alcides Bracho, los militantes Néstor Astudillo y Alonso Meléndez y el sindicalista Emilio Negrín completan la lista de perseguidos.

Carlos Hermoso, líder de Bandera Roja, aseguró que se mantienen firmes en la protesta. "Vamos a impulsar un frente nacional contra la represión", adelantó.

Durante la madrugada del 7 de julio de 2022 el detenido arbitrariamente por uno de los cuerpos de exterminio más letales de la narcodictadura, la Dirección de Contrainteligencia Militar, fue Gabriel Blanco, esposo de la activista en derechos humanos, Diannet de Blanco, tras un hostigamiento que comenzó el día anterior, cuando Marino Alvarado, coordinador de investigación y difusión del Programa Venezolano de Educación Acción en Derechos Humanos (PROVEA), les advirtió a sus agresores que no podían detenerlo sin la orden de un juez y consideró el acto como "un nuevo hecho de represión en contra del movimiento sindical", según reseñó TalCual, explicando que "El arresto fue materializado por funcionarios de la Dirección de Inteligencia Estratégica (DIE) de la Policía Nacional Bolivariana (PNB), tras más de cinco horas de hostigamiento por parte de funcionarios de la Dirección General de Contrainteligencia Militar (DGCIM) por el supuesto delito de terrorismo.

TalCual señaló igualmente:

-Para PROVEA, "las autoridades venezolanas han iniciado una nueva ola de detenciones selectivas". En la última semana se ha registrado la detención de al menos siete activistas políticos, todos vinculados a la organización Bandera Roja.

La defensora Diannet Blanco denunció que los efectivos de la DGCIM se trasladaron hasta su vivienda en Coche, al suroeste de Caracas, con la finalidad de llevarlo a presunta entrevista.

"Funcionarios de la DGCIM se encuentran en este momento en la entrada de mi residencia y se quieren llevar a mi esposo detenido con la finalidad de hacerle una entrevista", comentó Diannet Blanco.

Asimismo, Blanco hizo un llamado a todas las organizaciones de derechos humanos y a la sociedad civil organizada para que los apoyen. "Este tipo de situaciones no pueden seguir ocurriendo", dijo.

Más adelante indicó:

-Gabriel Blanco es trabajador, sindicalista y miembro de una ONG de atención a personas vulnerables. Mientras, Dianett Banco es educadora, defensoras de derechos humanos, colaboradora de PROVEA y ex-presa política.

Blanco comentó que dichos funcionarios no le apuntaron con armas y que solo le solicitaron "que fuera a una entrevista (...) Yo sin tener ningún tipo de orden judicial no puedo asistir a una entrevista".

Además, destacó que no le mostraron orden de detención, "ni me han mostrado absolutamente nada para trasladarme". Solicitó la presencia de un fiscal y un representante de la Defensoría del Pueblo.

En la misma fecha Darsy Alvarado, de El Carabobeño, reportó:

-Las autoridades del gobierno chavista han iniciado una nueva ola de detenciones selectivas contra trabajadores, activistas sociales y dirigentes políticos de oposición. Al trabajador humanitario Gabriel Blanco lo detuvieron durante un procedimiento militar irregular.

Y agregó:

-Este miércoles 06 de julio de 2022, a las 6:30 p.m. aproximadamente, una comisión de la Dirección General de Contra Inteligencia Militar (DGCIM), sin identificación ni credenciales visibles, se acercó al trabajador humanitario Gabriel Blanco, secretario de medios de Asi Caracas, trabajador humanitario y que en el pasado se desempeñó como sindicalista en la Asamblea Nacional; para que los acompañase a una entrevista.

Así lo denunció en una circular la ONG Programa Venezolano de Educación Acción en Derechos Humanos. La organización destaca una serie de irregularidades cometidas por las autoridades entre ella que Gabriel Blanco es un civil. Agrega que sorprende que el organismo que pretende realizar el procedimiento es un órgano de la jurisdicción militar, por lo cual se estaría violando su fuero natural.

Al no existir una orden judicial emitida por un tribunal competente, se negó acompañarlos, decisión que fue respaldado por los vecinos la urbanización Carlos Delgado Chalbaud del Bloque 6 de la parroquia Coche donde reside. Los funcionarios decidieron seguir en el lugar y ratificaron la solicitud de "acompañarlos a una entrevista", sin explicar las razones para tal decisión.

Luego indicó:

-Ante esta irregularidad, un equipo del Programa Venezolano de Educación-Acción en Derechos Humanos (PROVEA) compuesto por los defensores Rafael Uzcátegui, Marino Alvarado y Lexys Rendon, se apersonó hasta el lugar de los hechos, donde constató las siguientes irregularidades:

1- La presencia de un contingente de la DGCIM vestidos de civil sin prendas de vestir que los identifiquen como funcionarios de ese organismo.

2- No existe orden judicial emitida por un tribunal, donde se solicite una "entrevista".

3- Gabriel Blanco fue despojado de su celular y de su cédula de identidad por parte de los funcionarios de la DGCIM.

4- No hay presencia de funcionarios de fiscales del Ministerio Público ni de la Defensoría del Pueblo.

5- Los funcionarios admitieron a las 9:40 p.m. (21:40 horas) estar esperando una orden para proceder a llevárselo.

6- Gabriel Blanco es un civil, sorprende que el organismo que pretende realizar el procedimiento es un órgano de la jurisdicción militar, por lo cual se estaría violando su fuero natural.

Gabriel Blanco como PROVEA solicitaron a los funcionarios públicos:

1- Una orden judicial o acta de detención emitida por un tribunal competente, donde se establezca claramente las causas de la investigación penal.

2- La presencia de un fiscal del Ministerio Público y del Defensor del Pueblo, Alfredo Ruiz.

3- Identificación con nombre y apellido, de los funcionarios del organismo de inteligencia que realizan el procedimiento.

Después apuntó:

Al cierre de la presente circular 12:00 AM PROVEA alerta a los organismos del sistema interamericano y universal que:

1- Hacemos responsables a los directivos del DGCIM de cualquier allanamiento ilegal o hurto en la vivienda de Gabriel Blanco.

2- Hacemos responsables a los directivos de la DGCIM de cualquier agresión que pueda sufrir la integridad física y psicológica

3- Cualquier posible empleo de mecanismos represivos contra la comunidad que está apoyando a Gabriel Blanco por parte de organismos de seguridad.

4- Hacemos responsables a los directivos de la DGCIM de cualquier agresión física o psicológica que sufran los defensores Rafael Uzcátegui, Marino Alvarado y Lexys Rendón durante el acompañamiento. Así como cualquier posible detención arbitraria que sufran durante el ejercicio de su labor acompañando a Gabriel Blanco.

La fuente precisó igualmente:

-El trabajador humanitario y sindicalista Gabriel Blanco es esposo de la defensora de derechos humanos Diannet Blanco, educadora y colaboradora de PROVEA donde contribuye a coordinar los Comités de Derechos Humanos en los sectores populares, enfocados en promover y desarrollar los derechos económicos sociales y culturales. Diannet Blanco fue una presa política, detenida de forma arbitraria en el 2017 y siendo liberada en el 2018 después de un indulto presidencial.

Al cierre de la presente circular 12:00 AM (00:00 horas), no han presentado la orden judicial ni acta de detención y continúan los funcionarios del DGCIM apostados en el Conjunto Residencial Carlos Delgado Chalbaud de la parroquia Coche, esperando la orden para proceder a detener a Gabriel Blanco.

(Este texto periodístico fue elaborado con una Nota de Prensa que no indica su origen)

El 10 de julio de 2022 TalCual reportó:

-El Tribunal 4to de Caracas con competencia en Terrorismo, dictó la noche de este sábado 9 de julio, privativa de libertad para los activistas del partido político Bandera Roja; así como también para el defensor de derechos humanos, Gabriel Blanco.

Así lo dieron a conocer los abogados de la Coalición por los Derechos Humanos y la Democracia -quienes asisten legalmente a varios de los detenidos.

AGRESIONES CONTRA ACTIVISTAS DE DERECHOS HUMANOS

La audiencia de presentación de los detenidos inició pasada la cinco de la tarde y se prolongó hasta cerca de las nueve de la noche de este sábado 9 de julio, mientras que en las afueras del Palacio de Justicia familiares y allegados permanecieron varias horas aguardando la decisión del tribunal.

Diannet Blanco, activista de derechos humanos y pareja del sindicalista Gabriel Blanco, expresó su aspiración por una decisión basada "en el marco de la justicia, de la verdad y del respeto al debido proceso. Mucha esperanza de que reine la libertad y la justicia, sobre todo de la justicia".

Entre los detenidos, también se encuentra el sindicalista Emilio Negrín, y los activistas sociales y políticos Néstor Astudillo, Reynaldo Cortés y Alonso Meléndez, quienes fueron detenidos en distintos procedimientos ejecutados durante la semana pasada en medio de una ola represiva que incluyó detenciones arbitrarias, desapariciones forzadas, allanamientos ilegales y actos de hostigamiento.

Después apuntó:

-No obstante, se desconocen los motivos por los cuales estas personas resultaron detenidas. No obstante, permanecerán detenidos en la sede de la PNB de "La Quebradita", aunque se plantea cómo su centro de reclusión "El Rodeo II".

Y es que -en medio de la ola represiva que privó de la libertad en la última semana a los activistas Alcides Bracho, Gabriel Blanco, Emilio Negrín,

Alonso Meléndez, Néstor Astudillo y Reynaldo Cortés-, la única detención que fue ajustada a la "legalidad" fue la de Blanco, gracias a la presión que ejercieron decenas de vecinos del trabajador humanitario y al papel de actores de la sociedad civil quienes se mantuvieron alerta ante la actuación irregular de los funcionarios de la Dirección General de Contrainteligencia Militar (DGCIM). En el resto de los casos, hay un cóctel de irregularidades.

"Allanamientos ilegales, detenciones sin orden de aprehensión, ausencia de fiscales del Ministerio Público y denuncias de desapariciones forzadas", señaló PROVEA en su portal Web.

Además, puntualizó:

-Las más recientes víctimas de la recurrente persecución gubernamental son los trabajadores y dirigentes sociales, movilizados por la defensa de sus derechos y conquistas, en medio de una severa crisis que ha agudizado la desigualdad, la pobreza y la precarización de las condiciones de vida.

La gestión de Maduro insiste en criminalizar los derechos a la libre asociación y reuniones pacíficas y el ejercicio de la libertad sindical, garantizados en los estándares internacionales de protección de los derechos humanos, la Constitución Nacional y la legislación vigente.

El mismo medio, en igual fecha, reportó:

-La organización política Bandera Roja denunció este sábado la continuidad de la ola de persecuciones y detenciones arbitrarias en contra sus dirigentes, por lo que han tomado la decisión de resguardarse y mantenerse bajo el anonimato.

A través de un comunicado, la organización precisó que el dirigente del Estado Táchira, Jesús Manuel Berbesí, "está siendo perseguido"; a lo que agregaron que se encuentran "sin comunicación" con dicho líder sindical.

Según el relato del mismo Berbesí (enviado a la organización), el pasado 6 de julio, hicieron acto de presencia en su anterior residencia, así como en la casa de sus padres, ubicada en la urbanización Villa Coringta, donde apostaron vehículos para vigilancia.

"Llamaron a la puerta de forma violenta, generando que se asomara una vecina del apartamento, quien les informó que no había nadie en ese momento (…) Los sujetos preguntaron por Jesús Manuel Berbesi y la señora les actualizó que tiene más de dos años que no vive en esa residencia. Seguido de esto, procedieron a retirarse", señalaron.

Luego destacó:

-Asimismo, explicó que al día siguiente los mismos funcionarios se presentaron en la clínica San Román, perteneciente a un familiar, y a su trabajó de hace más de tres años, donde preguntaron por él.

Bandera Roja expresó, en el documento, su solidaridad con el ingeniero Berbesí, al tiempo que le instaron a "garantizar su seguridad personal y busque la mejor forma de protegerse de un potencial encarcelamiento injusto y criminal".

Igualmente precisó:

-Le sugerimos a Jesús que busque las formas más seguras de protegerse y que establezca comunicación con la organización cuando tenga condiciones óptimas de seguridad, sea por medio de terceros o por vía digital, mientras establecemos, consultando a abogados, las medidas pertinentes en su caso para proteger sus derechos".

Finalmente, responsabilizaron al régimen de Nicolás Maduro y a sus fuerzas de seguridad por la integridad física de Jesús Manuel Berbesí y de todos los presos y perseguidos políticos.

El 13 de julio de 2022, con información de AFP, el medio Semana reseñó:

-Más de 200 ataques contra activistas de derechos humanos en Venezuela, que incluyeron detenciones arbitrarias y allanamientos, fueron documentados en 2021, informó este martes una oenegé. "De enero a diciembre de 2021 COFAVIC documentó de manera independiente 215 casos de presuntos ataques contra defensores de derechos humanos", dijo a la AFP Liliana Ortega, directora de la organización especializada COFAVIC.

Ortega, que fundó COFAVIC para atender a víctimas de "El Caracazo", como se conoce a protestas que dejaron decenas de muertos en 1989, y se ha dedicado a la defensa de los derechos humanos en el país, indicó que se trata de una política "sistemática" para "entorpecer, debilitar, inhibir y en definitiva eliminar las capacidades de oenegés y de defensores de derechos humanos".

Los ataques consisten en "detenciones arbitrarias, violaciones al debido proceso, uso de la justicia para persecución, actos de criminalización a través de los medios de comunicación estatal sistemáticos", y allanamientos, afirmó Ortega, tras asistir a una ceremonia en la sede de la Unión Europea (UE) en Venezuela.

Posteriormente Semana indicó:

Durante el acto, encabezado por Rafael Dochao, jefe de delegación de la UE en Caracas, se presentó un proyecto que busca "promover la protección de las personas defensoras de derechos humanos en situación de riesgo en Venezuela".

-Estamos aquí –apuntó- porque apoyamos a los defensores de derechos humanos.

Hizo ese anuncio al inicio de la ceremonia, en la que se presentó un libro titulado Hablan las personas defensoras de derechos humanos, que reúne 16 testimonios de activistas.

En otra parte Liliana Ortega sostuvo que al encontrarse en una "primera línea de atención de los sectores vulnerables" y romper "el control social del Estado" han sido tildados como "enemigos internos". Debido a ello, "ha habido una persecución sistemática contra las organizaciones no gubernamentales", remarcó.

-Uno de estos ejemplos –precisó- fue la detención, en julio de 2021, de tres activistas de la ONG FUNDAREDES, incluido su director Javier Tarazona, tras denunciar la presencia de guerrilleros colombianos en Venezuela y criticar la respuesta del Gobierno.

Los arrestos fueron considerados por la Alta Comisionada de la ONU para los Derechos Humanos, Michelle Bachelet, "un ejemplo preocupante" de las "restricciones al espacio cívico" en Venezuela.

Más Adelante Semana puntualizó:

-Desde entonces, Tarazona continúa detenido, mientras que sus compañeros fueron excarcelados. Se les imputaron los delitos de "promoción del odio, traición a la patria y terrorismo".

La Corte Penal Internacional (CPI) abrió en noviembre de 2021 una investigación por presuntos crímenes de lesa humanidad en manifestaciones antigubernamentales que dejaron unos 125 muertos en 2017.

El 18 de julio de 2022, en el artículo "Terrorismo contra las luchas y los luchadores sociales", publicado en El Pitazo, Carlos Hermoso señaló:

-El terrorismo de Estado es uno de los inventos del naciente Estado burgués en la Francia de 1793. Robespierre fue artífice de la obra y ante ella sucumbió. Louis de Saint-Just, quien lo secunda, acompañó a su mentor al invento del doctor Joseph Guillotine. El desarrollo de esta condición estatal ha sido muy variado. Los nazis logran avances nunca vistos y hasta ahora no superados.

El Estado venezolano no escapa a esta condición y sus desarrollos. El chavismo en eso ha sido creativo. Vienen superando lo anterior. La violación de los derechos humanos ha sido una constante, pero combinando el asunto con contrapesos. De allí que buscan, por ejemplo, "demostrar" que, en las rebeliones de 2014 y 2017, las víctimas no solamente fueron provocadas por los cuerpos represivos sino también por la oposición. En materia de torturas la cosa luce avanzada. Aunque se les ha ido la mano en varios casos, similar a lo que aconteció con Jorge Rodríguez padre.

Luego explicó:

—Comentábamos en estos días de zozobra que, en tiempos pasados, a los detenidos por causas políticas los torturaban, pero les daban comida. Borradas las magulladuras y costras, se permitía la visita familiar. Se les pasaba comidas diversas, por lo regular, sin problemas. Pero el chavismo crea nuevos procedimientos y, además de que aplica la tortura igual, los centros de reclusión son diversos y, por lo regular, espacios llenos de presos comunes hacinados. Los familiares deben pagar unos dólares para ver a los detenidos. 800 dólares per cápita por la "causa" para garantizar el pellejo.

Parece que ninguna instancia gubernamental o autoridad puede hacer algo al respecto. Los directores de los centros de reclusión se lavan las manos ante esta circunstancia. Todo el mundo debe acogerse a las reglas. La extorsión es eficaz, pues mantenerse firmes contra el chantaje trae riesgos. Doblegarse es contribuir con el mecanismo y sufrir de un eventual incremento del monto por la "causa".

Este terrorismo aplicado por la dictadura, además, no va dirigido solamente a quienes han sido detenidos recientemente y sus familiares. Abarca, principalmente, a quienes estimulan el movimiento de luchas sociales. Por el rescate de las prestaciones sociales, la elevación del salario y pensiones dignas. Va dirigido, en primera instancia, a los dirigentes y luchadores sociales que buscan crear condiciones para la más amplia unidad. A eso es a lo que le tiene miedo la dictadura. No parecen ser los "grandes" partidos opositores los destinatarios del terrorismo. Ya ellos recibieron lo suyo. Y son pocas las organizaciones políticas las que se comprometen con las luchas sociales.

Después apuntó:

—Concluimos que la verdadera razón por la cual en estos días la dictadura ha arreciado la represión, es evitar que se incrementen la pelea popular y la capacidad organizativa. El resultado es que un conjunto de dirigentes populares, la mayoría militantes de Bandera Roja, son detenidos y encarcelados en esas condiciones.

Esta arremetida represiva, así como los desarrollos posteriores, le va a salir cara a la dictadura. Se pone en evidencia su naturaleza. El costo político es cada vez mayor. Nacional e internacionalmente pierde cada vez más apoyos.

Agudiza aún más sus contradicciones internas. Ya no por el reparto del botín, sino por el desprecio de muchos de los simpatizantes que le queda a una represión brutal contra gente peleadora por los derechos del pueblo. Además, afianza la unidad entre sectores diversos, muchos de los cuales fueron chavistas hasta ayer.

No reconocerles su condición de presos de conciencia, aunque injustamente detenidos, es una forma de terrorismo. De allí que la primera conquista que deben alcanzar los presos políticos, en Venezuela, es su reconocimiento como tales. Ganar tal condición.

Al final observó:

-Es una meta que deben plantearse todas las fuerzas políticas democráticas, así como las organizaciones sociales. Sindicatos y gremios dispuestos a elevar las luchas y la conciencia contra la dictadura, deben asumir esta meta. Todo indica que el chavismo mantendrá la represión, pero también el movimiento popular continuará la lucha. ¿Estará ganada la dictadura para llenar las cárceles de luchadores sociales? Porque el pueblo sí está ganado para dar la pelea.

Son diversas las formas de lucha que se deben desarrollar. En el presidio y en la calle. Esta es una historia que debemos retomar. Fueron muchas las jornadas de solidaridad con los presos políticos en tiempos pasados. Es tiempo de emular esa experiencia.

El autor del artículo citado es economista y doctor en ciencias sociales, profesor asociado de la Universidad Central de Venezuela y dirigente político.

El 19 de julio de 2022 Marta De La Vega, en el artículo "Un dolor que no cesa", publicado en TalCual, describió la naturaleza criminal de la narcodictadura presidida por Nicolás Maduro.

Al inicio del texto periodístico señaló:

-Un informe reciente del Foro Penal y del Robert F. Kennedy Human Rights ha reseñado el horror de las desapariciones forzadas temporales en Venezuela, que es una de las modalidades más crueles del terrorismo de

Estado como práctica sistemática para causar pánico, debilitar la resistencia democrática y silenciar a los venezolanos, en especial a los opositores al régimen usurpador e ilegítimo de Nicolás Maduro.

Luego indicó:

—Siguiendo la reseña del New York Times, las mencionadas organizaciones no gubernamentales dedicadas a la defensa de los derechos humanos han establecido, con sólidos elementos de prueba, que las desapariciones forzadas son ejecutadas por los agentes del gobierno de facto para controlar a la población, desgastar a quienes protestan, sembrar miedo y disminuir la disidencia.

Después explicó:

—Hubo 200 casos de desapariciones forzadas en 2018. En 2019, el número aumentó a 524. El objetivo de estas desapariciones ilegales, realizadas a la fuerza, generalmente con vehículos sin placas y sin orden judicial, es sacar temporalmente de la esfera pública a personas consideradas un estorbo para el oficialismo y extraer información de las víctimas a la vez que paralizar por el miedo a la gente que protesta.

De estas investigaciones ha quedado claro que la mayor parte de los secuestros fue realizada por el SEBIN (Servicio Bolivariano de Inteligencia Nacional). Más del 20% de los afectados dijo haber sufrido torturas y todos fueron despojados de sus teléfonos inteligentes y de sus computadoras. Las torturas más frecuentes, golpes, asfixias, ahogamientos, descargas eléctricas y violencia sexual forman parte de la doctrina cubana en esquema de tortura en Venezuela como un instrumento de dominación.

La médica Ariana Granadillo fue detenida en 2018 por sus vínculos con el coronel retirado de la Guardia Nacional Oswaldo García Palomo, uno de los ciento once militares presos. Constantemente torturada, después de ser excarcelada huyó a Colombia, donde reside. Hoy ningún oficial o dirigente político del chavismo en el poder es ajeno a lo que ocurre y las responsabilidades en la cadena de mando recaen en todos, desde Maduro hasta el soldado raso, porque se trata de una política de Estado deliberada y sistemática.

En seguida apuntó:

-El Instituto CASLA (Centro de estudios para América Latina), con sede en Praga, presentó en marzo de 2022 ante el secretario general de la OEA, Luis Almagro, el informe "Licencia para matar" en el cual sostiene que "la cadena de mando en Venezuela está al tanto de torturas de opositores en el país". Documenta los casos de al menos 55 personas, 32 civiles y 23 militares, de los cuales 43 hombres, 10 mujeres y dos menores fueron víctimas de torturas por motivos políticos en el país.

El secretario Almagro denunció durante el acto de exposición del informe Casla que "la jerarquía de la dictadura sabe lo que pasa en los centros de interrogatorio". Su directora, Tamara Suju, sostuvo que "toda la cúpula militar y civil es conocedora de la planificación, inducción y comisión de los crímenes".

A continuación, reveló:

-Este trabajo fue enviado a la Corte Penal Internacional como respaldo de las denuncias ante este organismo, cuya investigación prosigue para determinar la responsabilidad de los autores de crímenes de lesa humanidad cometidos en Venezuela.

Ni esa denuncia, ni muchas otras presentadas ante la Corte Penal Internacional por diversas instituciones, han servido para que dicho organismo tome cartas en el asunto para sancionar por sus crímenes de lesa humanidad al narcodictador Nicolás Maduro, al ministro de la Defensa Vladimir Padrino López y a toda la estructura de la corporación criminal que tortura, asesina, persigue, inutiliza y agrede impunemente a sectores de la oposición y familiares, así como a defensores de los derechos humanos, sindicalistas, trabajadores, docentes, periodistas, indígenas, etc.

Más adelante apuntó:

-Como reseñó el medio informativo NTN24 el 14 de marzo de 2022, el instituto denuncia el uso de nuevos métodos de tortura como azotes con cabilla (barra de metal) y cables de electricidad, sujetar a la víctima a un punto fijo de manera que si intenta sentarse se asfixie, sumergirla desnuda en un pozo helado, introducir una cuchara en la nariz y en las orejas, uso de sustancias que causan quemaduras, inyecciones que producen alucinaciones y colocar una pistola dentro de la boca.

Una de las víctimas, afirma el instituto, denunció haber sido detenida junto a una treintena de personas por la Dirección General de Contrainteligencia Militar (DGCIM). En ocasiones los maltratadores llevan a cabo juegos de guerra y simulacros de fusilamiento o juegan a la ruleta rusa con las víctimas "mientras los demás funcionarios observan sonrientes".

Y a continuación escribió:

-Tamara Suju señaló: "Obtuvimos información sobre cómo funcionarios y oficiales tienen línea directa con Nicolás Maduro para la aprobación, actuaciones y procedimientos falsos de persecución sistemática contra opositores civiles y militares". En el informe también se menciona al ministro de Defensa, Vladimir Padrino López, entre otros funcionarios "señalados". Y Suju agregó: "Absolutamente nada sucede en cuanto a la planificación y ejecución de la represión sin que Maduro y sus altos mandos no se enteren".

Otro de los horrores que destroza el corazón de las madres y familiares de los sacrificados son las ejecuciones extrajudiciales que también constituyen una política de Estado para quebrar la resistencia de la población. El Observatorio Venezolano de Violencia ha entregado cifras escalofriantes desde 2016 a lo que va de 2022.

El desgarrador testimonio de una mamá de apellido Garnica recogido en Caracas por NTN24 el 14 de julio pasado muestra la perversa extorsión realizada por las "fuerzas del orden". Detenido sin ninguna prueba ni orden judicial, exigieron a la señora que pagara mil dólares para liberar a su hijo. Un joven sano, estudioso, trabajador, no un delincuente, que tampoco merecería ser asesinado en lugar de ser sometido al debido proceso judicial.

Como la familia no pudo reunir esa cantidad, lo mataron a golpes y al retirarlo de la morgue su madre recibió el cuerpo y rostro de su hijo totalmente deformados por la paliza asesina que recibió. Igualmente, por el informe que presentaron PROVEA y el Centro Gumilla acerca de esta sanguinaria práctica policial y de las fuerzas especiales en Venezuela en el caso de Carabobo, fueron recientemente perseguidos judicialmente sus respectivos directores por el gobernador del Estado Carabobo, el economista Lacava, quien se sintió atacado al pedírsele impulsar en su región las investigaciones sobre estos crímenes atroces en su condición de mandatario y cabeza en la cadena de mando.

Asimismo, expresó:

-Prohibido olvidar. Lema que la sociedad alemana ha enfatizado para analizar críticamente el pasado nazi y los horrores a los que asistió anestesiada una población subyugada por el liderazgo criminal de Adolfo Hitler y todos sus cómplices. Venezuela tiene que exigir, con el retorno de la decencia y la democracia, un juicio para la sanción y castigo de los culpables, a la manera del de Nuremberg después de la segunda Guerra Mundial. Sin guerra, nuestro país ha sufrido una devastación cuya magnitud en todos los ámbitos es inconmensurable.

La autora del artículo, quien es investigadora en las áreas de filosofía política, estética e historia y profesora en la Universidad Católica Andrés Bello y en la Universidad Simón Bolívar, precisóigualmente que "Mientras tanto, avanzan la degradación moral, la disolución de todos los principios éticos, la pérdida de brújula de un grupo de jóvenes colegiales privilegiados que disfrutan orgiásticamente en su burbuja de bienestar social en el contexto caraqueño y la perversión en cadena transmitidos por estos hacia niños en un campamento vacacional, así como la tácita complicidad de padres que se ufanan de sus "conexiones" para encubrir a sus hijos a hacer lo que les da la gana en total impunidad", hechos "descritos con crudeza en la película "Jezabel" bajo la dirección de Hernán Jabes, con la actuación principal de Gabriel Agüero", donde"Las perversiones individuales quedan solapadas frente a las perversiones colectivas y aparecen cual telón de fondo las monstruosidades del proyecto gubernamental chavista, que se ha mantenido durante 23 años porque, al justificar sus acciones, fabricar culpables y facilitar la depravación por el poder y el dinero, sin castigo alguno, nos han convertido en una sociedad de cómplices".

El 19 de julio de 2022 Fran Tovar, de Costa del Sol, con información de la periodista Sebastiana Barráez, de Infobae, reportó:

-Integrantes de la Asociación Civil Defensores Populares de la Nueva

República (DPR) y del Frente Institucional Militar (FIM), en comunicación enviada al presidente demás Magistrados de la Corte Penal Internacional (CPI), solicitan que el Fiscal ante la Corte, presente "con carácter de urgencia, como es su obligación y responsabilidad jurídica y moral, el informe ante la Sala de Cuestiones Preliminares (Sala 1)" del caso Venezuela. ¿Por qué la Fiscalía de la Corte no ha solicitado la petición de apertura de investigación ante esa Sala? Piden que el Fiscal Karim Khan "se inhiba en la Situación Venezuela 1, de no tener intención o interés de enjuiciar a los presuntos delincuentes de lesa humanidad del país".

Así está expresado, en la Carta Denuncia Pública N°. 7, por el equipo jurídico de Defensores Populares de la Nueva República; abogados Hidalgo Valero Briceño, Miguel Ángel Cegarra, Humberto Antonio Gutiérrez, Rusbelia Astudillo Rojas, Felipe Ventura Petit y Guillermo José Heredia Rodríguez. Por el FIM: los generales de brigada Juan Antonio Herrera Betancourt y Eduardo Arturo Caldera Gómez.

El reporte añadió:

-Ellos insisten en una respuesta al caso Situación Venezuela 1, porque "han transcurrido 4 años, desde el inicio del proceso, y más de un año que el nuevo Fiscal Karim Khan, asumió el cargo, teniendo estructurado el Expediente, con bases razonables que determinan que funcionarios de alto nivel en Venezuela, han cometido crímenes de lesa humanidad y aún estamos en espera de la anunciada celeridad procesal".

Apelan a la celeridad del caso "para que conforme al artículo 15 del Estatuto de Roma (ER) de la CPI, se abra definitivamente el juicio a los altos criminales responsables de estos crímenes. Igualmente, de ser procedente, se solicite su detención o comparecencia ente esa instancia internacional, para que se inicie el respectivo enjuiciamiento de los imputados".

Después se lee:

-La Situación Venezuela 1, se abrió conforme al artículo 14 del Estatuto de Roma (ER), a solicitud de seis países latinoamericanos, el 24 de septiembre de 2018. "No hemos recibido respuesta aún", dicen los firmantes de la Carta Denuncia N° 6, fechada el 14 de enero 2022 y enviada al presidente, Peter Kovács, y demás Magistrados de la Sala de Cuestiones Preliminares de la

Corte Penal Internacional (CPI); la nueva Carta Denuncia la fecharon el 14 de julio 2022.

"Las víctimas esperamos que Karim Khan, ahora no esté prestado a la diplomacia en Venezuela. Su función es de acusador, por lo que deberá ejercer la acción penal ante esa Corte solicitando la apertura del juicio. (Art.15 y 42 del Estatuto de Roma). Las mazmorras del Régimen siguen abarrotadas de presos políticos; se calculan actualmente, más de 110 presos políticos militares. Las ejecuciones extrajudiciales y el ataque a los Medios de Comunicación continúan".

Posteriormente los firmantes de la carta enviada a la CPI advierten que "existen países oprimidos por tiranos, que secuestran el poder a través del engaño y la fuerza de las armas, cometiendo los más atroces crímenes de lesa humanidad, para perpetuarse en el poder, conduciendo a los pueblos a crisis inimaginables como es el caso de Venezuela".

Después apuntan:

-No obstante, a la Comunicación enviada por el Fiscal de la CPI, a la Sala de Cuestiones Preliminares, signada con el N° ICC-02/18, del 20 abril 2022, mediante la cual la RBV, confirma: "Está investigando o ha investigado a sus nacionales...en relación con actos punibles que vulneran los derechos humanos". Según la nota del Fiscal, punto N°7 del Escrito: el Fiscal nota que hay retardo al requerimiento pedido. Por lo tanto, la investigación continúa, ya que la Venezuela, solo se limitó a remitir los mismos 9 informes, aportados en 2020, durante la etapa preliminar".

De igual modo acotan que el 16 de abril 2022, "se venció la prórroga dada por el Fiscal a la RBV, para definir lo de la complementariedad, sin que el Régimen dé señales de querer o poder enjuiciar a las líneas de mando, que son las mismas autoridades del Régimen que entrevistó el Fiscal de la CPI y poder cumplir con el Memorándum de Entendimiento, firmado entre las partes".

Preguntándose:

- ¿Qué espera el Sr. Fiscal, para hacer la petición de autorización de apertura del juicio, ante esa Sala de Cuestiones Preliminares (Sala1) como lo contempla el artículo 15 y 17 del Estatuto de Roma? Preocupa a las víctimas y a sus representantes, después de 3 meses vencido la prórroga, que aún no se conozcan las resultas, ni se ha abierto el juicio formal".

Tanto a la DPR como al FIM les preocupa que "el Fiscal manifestó trabajar para fortalecer alianzas, para el enjuiciamiento de los presuntos delitos. Agradece a Maduro presunto imputado, su cooperación. El 9 de diciembre 2021, en la Asamblea Anual de la CPI, el Fiscal de la CPI manifestó que "seguirá criterios objetivos". Su trabajo se basará en evidencias concretas, sólidas y que no estén contaminadas o construidas por agentes particulares".

Señalan igualmente:

-Consideramos pertinente comunicarle al Sr. Fiscal que las pruebas de tantos crímenes, con testimonios de las víctimas y sus representantes, están completas, son más de 1.000 folios, en informes de la Alta Comisionada de los Derechos Humanos de la ONU, Comisión de Determinación de los Hechos de la ONU, Comisión de las NU para los Refugiados y los informes de la OEA, al igual que las innumerables denuncias de las ONG que representan a las víctimas".

Respecto a los hechos, los firmantes dicen que las víctimas se preguntan si para el Fiscal Khan no es creíble "las deportaciones y traslados forzosos por hambre y expatriaciones de venezolanos a otros países, que ya pasa de los 5 millones de personas, evidenciadas en informes de ACNUR, cientos de ellas han muerto en las peripecias de cruzar las fronteras", tampoco "El exterminio de miles de ancianos jubilados y pensionados, trabajadores y sus hijos, quienes percibieron sueldos de menos de un (1) dólar mensual, por largos períodos de tiempo", ni los "Asesinatos, (más de 160 personas, en protestas populares legítimas desde 2.014 al 2.017), torturas, encarcelamientos arbitrarios, abusos sexuales, desapariciones forzosas, persecuciones por razones políticas (resalta el asesinato del concejal Fernando Albán y las últimas agresiones a Juan Guaidó y su equipo en los Estados Zulia y Cojedes)".

De la misma manera le recuerdan al fiscal que "Han continuado los crímenes de lesa humanidad en Venezuela; entre otros, las ejecuciones extrajudiciales, como lo ratifica la Alta Comisionada de los Derechos Humanos de la ONU en su último Informe, sin que se abran, la investigación o juicio formal en contra de los delincuentes de alto nivel gubernamental en esa Sala de Cuestiones Preliminares" y, por lo tanto, "En este sentido entre los venezolanos se crean las dudas sobre la eficiencia o probable negligencia de la Fiscalía de la Corte".

En la comunicación al Fiscal de la CPI, también se hace énfasis en que "siguen las detenciones arbitrarias; más de 110 militares continúan detenidos por razones políticas" y advierten que "Según cifras del Foro Penal Venezolano, el régimen ha privado de la libertad arbitrariamente, por razones políticas, a más de 15.758 personas, desde el 2014, que conforme al artículo 29 del ER, no prescriben".

Destacan entre los casos "que encuadran perfectamente dentro de los crímenes de lesa humanidad" el de "Tcnel. (Ej.) Igbert José Marín Chaparro, número uno de su promoción de oficiales, por sus virtudes intelectuales y morales inobjetables; injustamente encarcelado sin pruebas y sometido a innumerables vejámenes, fue enjuiciado por el mismo Juez que actuaba como Fiscal cuando recibió la imputación, por reclamar mejores condiciones de alimentación para los subalternos bajo su mando. Encarcelado desde el 2 de marzo de 2018".

-El 21 de diciembre 2021, -refieren en la carta- Marín inició una justa huelga de hambre como último recurso para hacer llegar sus denuncias, de las múltiples violaciones de los derechos humanos en Venezuela, tales como: uso sistemático de la tortura (más de 170 militares han sido presentados en los juicios ante los Tribunales Militares torturados), tratos crueles, depósito inhumano de personas, aislamientos en un calabozo llamado la Casa de los Sueños, en la sede de la Dirección General de Contrainteligencia Militar (DGCIM), falta de atención médica oportuna, violaciones sistemáticas al debido proceso en tribunales militares.

La mayoría de las detenciones de los militares son arbitrarias, sin orden de los tribunales, luego obligan a los jueces a convalidar la arbitrariedad. Muchos detenidos pasan hasta más de dos años sin ser llevados a tribunales y algunos retenidos en la cárcel burlando las boletas de excarcelación. Desde 2014 hasta diciembre 2021, se registran en forma sistemática más de 15.700 encarcelaciones arbitrarias de personas (Informe del Foro Penal, diciembre 2021)". Resaltaron la muerte en prisión del General Raúl Isaías Baduel "por presunto delito de homicidio intencional, a quien se le negó la atención médica".

Al final manifiestan:

-Ciudadanos Magistrados, es nuestra preocupación el futuro y destino del sistema de Justicia Internacional, el cual tiene una prueba de fuego en el caso Venezuela 1, con riesgo de perderse la credibilidad en el sistema de Justicia Internacional. Los venezolanos, al igual que muchos pueblos del mundo, confiamos en tener órganos eficientes, no estructuras burocráticas onerosas, por considerar una vía civilizada expedita, para lograr un mundo más justo, donde la defensa de los derechos humanos, que ha adquirido rango de jurisdicción universal, sea eficiente, para evitar grandes conflictos y hasta guerras".

Los venezolanos de bien esperamos la acción eficiente, imparcial y la alta consideración moral del Fiscal de la Corte Penal Internacional.

El 25 de julio de 2022 La Patilla, con información dada a conocer públicamente por la ONG Centro para los Defensores y la Justicia (CDJ), reveló que durante el primer semestre de 2022 hubo en el país 214 ataques contra defensores de los derechos humanos.

AGRESIONES CONTRA ACTIVISTAS DE DERECHOS HUMANOS

El medio digital especificó luego que la referida ONG documentó "cómo el Estado venezolano avanza en la ejecución de patrones para obstaculizar, limitar y afectar las actividades de quienes se encuentran en primera línea de acción, respondiendo a la crisis de derechos humanos".

Indicó además que "A pesar de observarse una disminución en el número de agresiones, se destaca que los riesgos se mantienen en un nivel alto para el movimiento de derechos humanos. Las amenazas, intimidación, hostigamiento y campañas de estigmatización siguen ocurriendo y son graves ".

También expresó que "en la medida en que no se tomen correctivos para garantizar un espacio cívico y democrático pleno y libre y mientras permanezcan vigentes las limitaciones legales a las actividades de promoción defensa y exigencia de derechos humanos, así como la criminalización de las mismas seguirá siendo un riesgo defender, promover y exigir derechos en el país".

Igualmente resaltó que el movimiento de derechos humanos "sigue ejerciendo sus actividades en un entorno adverso y hostil. Persisten las medidas legales y fácticas de índole autoritario que limitan y obstaculizan el trabajo de promoción, defensa y exigencia de derechos humanos".

Del mismo modo precisó que "Durante el semestre, fue constante la intención de asociar la promoción, defensa y exigencia de derechos humanos con actividades delictivas, especialmente al terrorismo, la desestabilización y atentar contra la paz del país. El Estado retomó acciones para la aprobación de una Ley de Cooperación Internacional, con el fin de imponer mayores controles a la sociedad civil como parte de su Política de Criminalización, representando una nueva amenaza para las organizaciones".

El asesinato del Líder Indígena Virgilio Trujillo

El líder indígena Virgilio Trujillo fue asesinado el 30 de junio de 2022, tras ser atacado por delincuentes que se trasladaban a bordo de un vehículo y dispararon en su contra.

Ese homicidio, considerado como un crimen atroz por el director del Cuerpo de Investigaciones Científicas, Penales y Criminalísticas, Douglas Rico, lo reseñaron diversos medios, entre ellos, El Pitazo.

En efecto, Carlos Suniaga reportó el 1 de julio de 2022:

-Ciudad Bolívar. - De varios impactos de bala en la cabeza fue asesinado

Virgilio Trujillo Arana, líder indígena del municipio Autana, en Amazonas, defensor de la selva y coordinador de los Guardianes Territoriales Uwottuja. El crimen lo confirmaron el grupo protector indígena Kapé Kapé y la Organización Regional de Pueblos Indígenas de Amazonas (ORPIA), el viernes 1 de julio.

Suniaga agregó:

-De acuerdo con esas dos ONG que monitorean la Amazonía venezolana, Trujillo recibió dos disparos efectuados por personas hasta ahora no identificadas, la tarde del jueves 30 de junio, en el sector Escondido de Puerto Ayacucho. Las circunstancias del asesinato no están claras, pero las organizaciones presumen que se trató de un sicariato.

"Las autoridades ya iniciaron las investigaciones del caso y, hasta el momento, no han informado de un móvil del hecho", dijo Kapé Kapé en un pronunciamiento oficial a través de su cuenta en Twitter.

Después apuntó:

-Virgilio Trujillo Arana denunció, durante años, la presencia de grupos armados en la selva, minas y territorios indígenas del pueblo Uwottuja. También alertó sobre la instalación de pistas clandestinas que favorecen, entre otras actividades, el traslado ilegal de oro.

El líder indígena fue clave en una investigación periodística publicada en el portal Armando.info, donde se descubrieron pistas clandestinas en la Amazonía.

"Virgilio Trujillo fue parte de la guardia territorial que ubicó una pista clandestina en San Pedro del Orinoco y que documentamos en 'Corredor Furtivo'. Pedía a comunidades cercanas que no aceptaran la presencia de grupos armados", comentó en Twitter la periodista María Ramírez Cabello, quien participó en la investigación.

Las guardias territoriales indígenas son grupos integrados por nativos para proteger sus territorios de las pandillas armadas que los invaden para ejercer minería ilegal y otras actividades que destruyen la selva.

Al final del reporte expresó:

-A raíz de las prácticas extractivistas y movimiento de fuerzas irregulares en su territorio ancestral Uwottuja, Virgilio decidió proponer, ante una asamblea comunitaria, la creación de los guardianes territoriales indígenas, la cual fue aprobada por los sabios y sabias del sector", relató ORPIA en un pronunciamiento oficial.

La misma organización exaltó la labor realizada por Trujillo y dijo que todo el Amazonas está de luto. "Exigimos a las autoridades civiles y militares justicia ante el asesinato de nuestro compañero de luchas y defensor del territorio", expuso la institución.

En otra nota Carlos Suniaga sostuvo:

-Organizaciones indígenas y defensoras de derechos humanos exigieron justicia y una investigación transparente para capturar a los responsables del asesinato del líder indígena de Amazonas, Virgilio Trujillo Arana, coordinador de los Guardianes Territoriales Uwottuja del municipio Autana. Hasta la noche de este viernes, 1 de julio, el cuerpo del indígena de 38 años permanecía en la morgue de Puerto Ayacucho.

De acuerdo con una minuta policial a la que tuvo acceso El Pitazo, el crimen ocurrió después de las 2:30 de la tarde del jueves, 30 de junio, en un barrio de Puerto Ayacucho. La versión preliminar señala que testigos vieron cuando Trujillo se bajó de una camioneta y desde ese vehículo le dispararon varias veces. Los atacantes huyeron del lugar.

Los funcionarios del Cuerpo de Investigaciones Científicas, Penales y Criminalísticas (CICPC) colectaron al menos tres conchas de proyectil y la hipótesis que se maneja es de presunto sicariato. Uno de los últimos lugares en los que estuvo Trujillo fue la oficina de la Organización Regional de Pueblos Indígenas de Amazonas (ORPIA), institución de la cual era miembro.

"Exigimos a las autoridades civiles y militares justicia ante el asesinato de nuestro compañero de luchas y defensor del territorio", señaló ORPIA en un comunicado. La Coordinación de la Organización Indígena de la Cuenca Amazónica (COICA), también difundió una nota de duelo condenando el crimen.

Posteriormente indicó:

-Virgilio Trujillo Arana denunció, durante años, la presencia de grupos armados en la selva, minas y territorios indígenas del pueblo Uwottuja. También alertó sobre la instalación de pistas clandestinas que favorecen, entre otras actividades, el traslado ilegal de oro y droga.

El Observatorio para la Defensa de la Vida (ODEVIDA) repudió el asesinato y recordó que no es el primer hecho de ese tipo que se registra en la Amazonía. "Entre 2013 y 2021, 32 líderes indígenas y ambientales fueron asesinados, 21 de ellos por sicarios mineros o miembros de organizaciones guerrilleras colombianas y 11 por efectivos de la Fuerza Armada Nacional Bolivariana (FANB)", señaló la organización.

Entretanto, el Grupo de Trabajo Sobre Asuntos Indígenas (GTAI) de la Universidad de Los Andes, expresó que las luchas que tienen los aborígenes por sus territorios, en contra de la minería ilegal, pistas clandestinas y hasta el narcotráfico, no son nuevas.

"Hoy, los agentes oscuros del extractivismo fueron por Virgilio, en venganza por su compromiso de defender la Amazonía venezolana. Exigimos que se esclarezca el crimen, estableciendo las debidas responsabilidades de los autores materiales e intelectuales", indicó GTAI.

El grupo solicitó medidas especiales de protección para miembros de organizaciones indígenas como ORPIA, Organización Indígena del Pueblo Uwottuja del Sipapo (OIPUS) y la Organización de Mujeres Indígenas de Amazonas (OMIDA). También pidieron la presencia de la fiscalía nacional Indígena.

"Es bueno recordar que el genocidio cultural tiene el estatus de crimen de lesa humanidad y no prescribe", concluyó la organización.

El 5 de julio Alonso Calatrava, también de El Pitazo, reportó:

-Caracas. - El director del Cuerpo de Investigaciones Científicas, Penales y Criminalísticas (CICPC), Douglas Rico, anunció que las autoridades investigarán el asesinato del líder indígena Virgilio Trujillo.

"Envié un equipo de la División de Investigaciones de Homicidios para el Estado Amazonas, para apoyar en las investigaciones del atroz crimen de Virgilio Trujillo Arana de 38, del pueblo indígena del municipio Autana, Estado Amazonas", dijo el funcionario en Twitter este martes, 5 de julio.

En ese sentido, Rico calificó el hecho como un crimen atroz, detallando que Trujillo fue asesinado el pasado 30 de junio, tras ser "atacado por delincuentes que se trasladaban a bordo de un vehículo y dispararon en su contra".

Rico aseveró del mismo modo que "Se presume que en el hecho estén involucrados narcotraficantes y paramilitares que pretenden tomar territorio nacional".

Calatrava destacó al respecto que "Sin embargo el grupo protector indígena Kapé Kapé afirmó, en un comunicado, que Trujillo estuvo en recientes operativos militares donde se destruyeron pistas clandestinas y desalojaron a grupos irregulares".

Por su parte, el gobernador de Amazonas, Miguel Rodríguez, publicó un mensaje en su página oficial de Facebook, en la que expresó: "No podemos callar ante un hecho tan lamentable. Hacemos un llamado al Ministerio Público, a las autoridades policiales y militares a que investiguen a fondo. Amazonas no puede ser un territorio de forajidos y sicarios, donde se ejecuten estas prácticas inhumanas importadas del vecino país (Colombia)".

El periodista recordó igualmente que "Virgilio Trujillo era conocido por su ferviente defensa de la selva y el territorio de sus hermanos uwottujja" y "A través de su labor luchó para desalojar a grupos armados y practicantes de la minería ilegal, entre otras actividades ilícitas". Reveló también que este es el segundo líder uwottujja asesinado en Amazonas. El primero fue Freddy Menare, fundador de la Organización Indígena del Pueblo Uwottujja del Sipapo (OIPUS), mientras caminaba por una calle de Puerto Ayacucho en mayo de 2017. El crimen quedó impune.

Probablemente este crimen también quedará impune como el de los cuatro indígenas yanomamis por parte de efectivos de la Fuerza Aérea.

Asimismo, indicó, con información de la ONG Kapé Kapé, que la autopsia fue realizada el viernes, 1 de julio, aunque su aldea se oponía a este procedimiento debido a su cultura y costumbres y luego, el cuerpo fue entregado a sus seres queridos.

Cabe señalar que el secretario general de la Organización de Estados Americanos, Luis Almagro, exigió justicia. Lo hizo en su cuenta en Twitter, donde escribió el 1 de julio: "Nuestra solidaridad con la familia de Uwottujja V. Trujillo y los guardianes territoriales del Sipapo. Los responsables del crimen deben ser llevados ante la justicia".

Asimismo, recordó El Pitazo, "Virgilio Trujillo Arana denunciaba constantemente la presencia de grupos armados en la selva, minas y territorios indígenas del pueblo Uwottujja y la instalación de pistas clandestinas para el traslado ilegal de oro".

Del mismo modo, el 8 de julio TalCual le dio cabida a la firme condena por parte de la Unión Europea al hecho que derivó en la muerte del líder indígena en Amazonas.

En un corto comunicado, la misión de la Unión Europea en Venezuela, junto a las Embajadas de los países que la integran, emitieron un comunicado para condenar el asesinato del líder indígena en el Estado Amazonas, Virgilio Trujillo, por supuestos delincuentes. Igualmente reiteraron su respaldo a los demás líderes indígenas, ambientales y territoriales en su labor para proteger esas tierras; al igual que manifiestan su apoyo a los defensores de derechos humanos.

El comunicado de organizaciones indígenas

El 7 de julio de 2022 Costa del Sol, con información de Eudo Torres, de Fe y Alegría Noticias, reportó:

-El Ministerio Público venezolano e instancias internacionales han ignorado las exigencias de los pueblos y comunidades indígenas del estado Amazonas, según un comunicado conjunto emitido este jueves 7de julio.

El documento fue emitido luego del atroz asesinato de Virgilio Trujillo por parte de desconocidos en Puerto Ayacucho, capital del Estado Amazonas, con el aval de diez organizaciones indígenas con actividad en Samariapo, Cuao, Autana, Sipapo, Guayapo y Orinoco Medio de los municipios Autana, Atabapo y Atures.

-Desde el 2021-se lee en el comunicado conjunto- OIPUS (Organización Indígena Uwottuija del Sirapo) ha venido solicitando medidas precautelativas ambientales y de protección de los líderes indígenas de la organización ante el Ministerio Público del estado indígena de Amazonas, sin que hasta la fecha les hayan sido otorgado las mismas.

La fuente agregó: -A través del mismo documento también reclaman a "organismos Internacionales". "Estas medidas han sido solicitadas ante organismos internacionales, quienes tampoco han dado protección.

Entre sus exigencias, ratifican la necesidad urgente de que el Estado venezolano emita unas medidas precautelativas a favor de los indígenas del Amazonas.

También exigen investigación exhaustiva y justicia por el asesinato de

Virgilio Trujillo con la intervención del Ministerio Público, Defensoría del Pueblo, y la ZODI 63.

La intervención del ente militar es exigida porque Virgilio Trujillo los ayudó en las recientes operaciones militares como mediador e interlocutor con los pueblos indígenas del Amazonas para ubicar a campamentos. Igualmente piden el apoyo de la Coordinadora de las Organizaciones Indígenas de la Cuenca Amazónica (COICA), y de todas las organizaciones nacionales e internacionales.

Asimismo, exigen en el documento que la oficina de la Alta Comisionada de los Derechos Humanos de la ONU también intervenga, y exhorte al Estado venezolano a garantizar la protección del territorio indígena.

El asesinato de Yanomamis por oficiales de la FAV

El 24 de junio de 2022 el periodista Carlos Suniaga, de El Pitazo, reportó:

 -Semoya Silva, madre de uno de los testigos en el caso del asesinato de cuatro yanomamis en Amazonas, denunció ante el Ministerio Público la retención arbitraria de su hijo por parte de las autoridades en el hospital Dr. Carlos Arvelo, en Caracas.

 El dato lo informó Olnar Ortiz, coordinador de Pueblos Indígenas en la

ONG Foro Penal este viernes, 24 de junio. Está retenido de manera arbitraria en el hospital. Hemos hecho la denuncia formal por parte de Semoya, y ella me autorizó como representante legal para llevar este caso hasta instancias superiores", comunicó Ortiz a través de un video donde aparece con Silva, quien es yanomami y no habla español.

Suniaga agregó:

-El 20 de marzo, durante una disputa por el servicio de internet en la comunidad Parima B, en el municipio Alto Orinoco de Amazonas, cuatro yanomamis fueron asesinados presuntamente por disparos efectuados por oficiales del puesto fronterizo de la Fuerza Aérea. Los fallecidos son: Marina González, de 45 años, Jhonatan Silva, de 30 años; Caribán González, de 22 años, e Isnardo Borges, de 21 años. Según el reporte oficial, otras cinco personas resultaron heridas, entre ellas dos militares.

Entre los heridos están los hermanos Gabriel Silva y Borges Sifontes y han sido considerados testigos claves en el caso de la matanza. Sifontes recibió dos disparos y, luego de dos cirugías, permaneció bajo observación médica en el Hospital Dr. José Gregorio Hernández de Puerto Ayacucho. Luego, en un procedimiento irregular, los dos fueron trasladados en avión hasta Caracas, alertó su defensa.

Al final apuntó:

-La Corte Interamericana de Derechos Humanos y Amnistía Internacional se pronunciaron por el asesinato de los indígenas y mostraron su preocupación por la situación de los testigos.

Amnistía Internacional solicita que los hechos sean investigados de manera pronta, imparcial y efectiva por una autoridad civil, con exclusión de toda autoridad militar, y se tenga en consideración el respeto y apreciación de la cultura del pueblo yanomami", expresó la oficina del organismo el 6 de abril.

Por su parte Oswin J. Barrios, de Fe y Alegría Noticias, reseñó:

-El gobernador del Estado Amazonas, Miguel Rodríguez, confirmó este martes 22 de marzo la muerte de cuatro personas del pueblo indígena yanomami, todos por heridas de bala, a manos de funcionarios de la Aviación venezolana en esa entidad.

Barrios adicionó:

-De acuerdo con una fuente que vive en el Estado Amazonas consultada por Radio Fe y Alegría Noticias, el hecho se produjo el domingo 20 de marzo en un puesto militar de la Aviación venezolana ubicado en Parima B, municipio Alto Orinoco.

La persona indicó que en ese comando se encuentra una antena que provee internet, pero no hay router para distribuir la señal, por esa razón llegaron a un acuerdo con varios indígenas que viven en la zona, los cuales sí tenían router.

"Los militares ponían la antena y los indígenas el router para proveer de wifi tanto para el comando como para algunos indígenas yanomamis que quisieran disfrutar del servicio", dijo la fuente.

Agregó que militares e indígenas llegaron a este acuerdo informal en octubre de 2021. Fue durante ese mes que dichos funcionarios de la Aviación venezolana llegaron a Parima B, "se les dio la responsabilidad a la Aviación de tomar el puerto de Parima B para el resguardo, pero desconozco las razones de por qué la Aviación estaba custodiando esa unidad", expresó la persona.

"Aproximadamente a las 4:00 de la tarde del domingo 20 de marzo uno de los indígenas fue a disfrutar del servicio de wifi y se dio cuenta de que habían cambiado la clave y le reclamó a uno de los militares que estaba allí. Después se generó una discusión porque decían que no le iban a dar la clave del wifi a los indígenas. El indígena dijo 'me devuelven mi router y todos quedamos sin internet', entonces los militares respondieron que no, que se iban a quedar con el router y con la antena. En ese momento se generó el conflicto", contó la fuente radicada en el Estado Amazonas.

Luego explicó:

-Según la versión oficial, cuando ocurrió el forcejeo el indígena trató de quitarle el arma de fuego al militar y el funcionario detonó dos impactos de bala hiriendo al indígena. Luego, este último fue hasta su comunidad y regresó al comando con otros integrantes del pueblo aborigen yanomami.

"Allí se generó un intercambio de disparos y de flechas. Los indígenas con flechas y escopetas y los militares con sus fusiles. El saldo fue cuatro indígenas yanomamis fallecidos, entre ellos una mujer, y dos militares heridos", aseguró la fuente.

Radio Fe y Alegría Noticias obtuvo la información de que las heridas de los militares fueron producidas por disparos de escopetas.

El 11 de abril de 2022 Eudo Torres, del antes mencionado medio, reportó:

-Los militares que protagonizaron un acto de violencia con un saldo cuatro indígenas yanomamis en Parima B, en Amazonas no serán llevados ante un tribunal, según Olnar Ortíz, representante del capítulo indígenas de la ONG Foro Penal.

Según el activista de los Derechos Humanos, los militares que encontraban en la base aérea de Parima B durante los hechos del 20 de marzo de 2022 simplemente serán reubicados sin ningún tipo de acusaciones para ninguno de los militares.

Luego indicó:

-De acuerdo con Olnar Ortíz, "todavía no pesa sobre ellos ninguna imputación", y su próximo destino sería la base aérea de Maracay en el Estado Aragua. En caso de ocurrir, sería una demostración de la falta de justicia y parte del hermetismo con que ha sido manejado este caso.

También sería un incumplimiento del compromiso asumido por el gobernador del Estado Amazonas quien aseguró que las exigencias de los yanomamis serían asumidas completamente y que sus denuncias no quedarían vacías.

Hay que recordar que el 20 de marzo, cuatro indígenas yanomamis fueron asesinados por militares en una disputa por un router propiedad de los originarios.

Los nombres de los militares autores del asesinato cuádruple de yanomamis no fueron dados a conocer por los medios que cubrieron la información, probablemente por instrucciones del ministro de la Defensa de la narcodictadura, Vladimir Padrino López, para favorecer la impunidad.

El periodista puntualizó a continuación:

-Este hecho dejó a un adolescente yanomami gravemente herido, y luego de tres semanas y tres operaciones quirúrgicas en el hospital José Gregorio

Hernández de Puerto Ayacucho, fue trasladado a Caracas.

Este traslado habría sido sorpresivo, según denunció en su momento Olnar Ortíz, al asegurar que el Ministerio Público del Estado Amazonas desconocía el procedimiento. Por su parte, el Defensor del Pueblo de la región habría afirmado que el procedimiento sí le fue notificado a su despacho.

Más torturas y detenciones arbitrarias

El 11 de mayo de 2022 medios nacionales e internacionales divulgaron el informe presentado ese día por la ONG Programa Venezolano de Educación Acción en Derechos Humanos (PROVEA), según el cual se registró un aumento de 148% en los casos de tortura entre enero y diciembre de 2021.

La vocera de esa ONG, Lissette González, indicó igualmente que "En el derecho a la integridad personal se logró registrar, durante 2021, 241 presuntas víctimas de tortura a nivel nacional, eso significa un aumento importante de 148 % con respecto al año anterior".

Agregó que el Cuerpo de Investigaciones Científicas Penales y Criminalísticas (CICPC) fue el organismo de seguridad "más denunciado" por estos casos e indicó que en 2021 la organización registró 441 personas víctimas de tratos crueles, inhumanos y degradantes.

-Los recintos donde hay más denuncias –señaló- es en la sede del CICPC en El Hatillo y la DGCIM (Dirección General de Contrainteligencia Militar) en Boleíta", ambos ubicados en el Estado Miranda, cercano a Caracas.

De igual modo sostuvo que estas denuncias de tratos crueles, inhumanos y degradantes han venido aumentando, "pese al seguimiento que están haciendo los organismos de monitoreo internacional y pese, sobre todo, al inicio de la investigación de la Corte Penal Internacional (CPI)".

Igualmente destacó que "Si bien en algunos indicadores podemos encontrar mejorías, como por ejemplo el caso de las ejecuciones extrajudiciales, en general la situación del sistema de justicia nos parece mostrar que no hay una voluntad genuina (para) que las políticas de seguridad y actuación policial estén enmarcadas en el respeto a los derechos humanos en el país".

En lo que se refiere a las ejecuciones extrajudiciales el informe de PROVEA reveló que los cuerpos policiales y militares produjeron la muerte de unas 1.414 personas, lo que representa una variación de 46,6 % con respecto a 2020 cuando se contabilizó 3.034 víctimas.

Por su parte, su coordinador general Rafael Uzcátegui, añadió que en 2021 documentaron 711 situaciones de violación al derecho a la libertad personal y 19 detenciones en el contexto de protestas, lo que implica otra "disminución importantísima" en comparación a 2020.

A su juicio, el Gobierno quiere "simular buen comportamiento" para tener elementos favorables con los que puedan "reforzar una narrativa", pero insiste en que esto es insuficiente, a pesar de que está beneficiando a personas concretas.

-No es sustentable afirmó- si no hay modificaciones estructurales en la política de administración de justicia y en la actuación de los cuerpos policiales.

El 26 de junio de 2022 la periodista Luisa Quintero, de TalCual, reportó:

-Venezuela sigue en deuda con investigaciones y justicia en casos de torturas/ Personas privadas de libertad, detenidas de forma arbitraria o en operativos policiales han denunciado ser víctimas de torturas o malos tratos. El Estado no ofrece cifras concretas sobre la cantidad de investigados y condenados por este delito en los últimos dos años. En solo uno de los diez casos documentados por "La República que tortura", un especial de TalCual publicado en diciembre de 2020, se hizo una investigación y se condenó por este crimen.

Luego destacó:

-Este 26 de junio se conmemora el día internacional en apoyo a las víctimas de torturas. Más allá de informes internacionales, en Venezuela no se disponen de cifras oficiales sobre denuncias e investigaciones de este delito. El fiscal general solo informa esporádicamente sobre algunos casos y las ONG recolectan evidencia en base a testimonios, generalmente de presos políticos, víctimas de ejecuciones extrajudiciales o sus familiares.

El último informe país escrito de Michelle Bachelet como Alta Comisionada de Naciones Unidas para los Derechos Humanos, que documenta casos entre el 1 de mayo de 2021 y el 30 de abril de 2022, detalla que recibieron 14 denuncias de torturas o malos tratos hacia personas privadas de libertad.

Otras cinco personas detenidas desde antes del período que abarca el informe de la Oficina de Bachelet también presentaron denuncias similares ante las autoridades.

Posteriormente señaló:

-La falta de investigaciones adecuadas sobre esas denuncias y de protección contra las represalias, según se reporta, ha desalentado a las víctimas a denunciar, dice esta instancia.

Esta falta de justicia y reparación también desalienta a las víctimas en operativos policiales y sus familias, además del miedo y el trauma causado por la acción de los organismos de seguridad, "lo que da lugar a que no se registren los casos".

En al menos tres casos de operativos policiales en comunidades, el fallecido habría sufrido presuntamente tortura o malos tratos antes de su muerte, según las denuncias recopiladas por la OACNUDH.

En 13 detenciones arbitrarias, en al menos tres los detenidos fueron torturados o maltratados.

Según fuentes oficiales, el Ministerio Público (MP) recibió 235 denuncias sobre presuntas violaciones a los derechos humanos de personas privadas de libertad, incluidas 20 relacionadas con personas que enfrentan cargos relacionados con presunto terrorismo.

El MP no especificó cuántos de ellos fueron investigados o procesados judicialmente, cuántas personas imputadas, detenidas o condenadas por este tipo de delito.

Después recordó que en junio de 2019 efectivos de la Dirección General de Contrainteligencia Militar (DGCIM) torturaron hasta matarlo al capitán de corbeta Rafael Acosta Arévalo.

Agregó que se hizo una investigación y se condenó por este crimen a dos funcionarios de ese cuerpo policial militar a 30 años de prisión, según sentencia publicada el 6 de febrero de 2022.

Al respecto la periodista comentó:

-Para la oficina de Bachelet "se trata de un paso adelante en la investigación de cargos de tortura y debería conducir a esfuerzos más sostenidos para investigar las denuncias de tortura o malos tratos, incluso en el nivel de responsabilidad del mando".

La cadena de mando, la que dio la orden para torturar y asesinar a Acosta Arévalo, no fue tocada por el tribunal que emitió esa condena, ni la oficina de Bachelet fue contundente respecto a esa omisión.

El resto de los casos, como el del sargento Geomar Natera, recientemente condenado a siete años y cinco meses de presidio, no fueron investigados.

La OACNUDH también menciona el caso del exconcejal Fernando Albán, asesinado en 2018 y considerado un caso emblemático. Toman en cuenta las denuncias de familiares de que la investigación y posterior juicio no pudo sostener la tesis de suicidio "y pasó por alto posibles signos de tortura o malos tratos, y una responsabilidad superior".

Después apuntó:

-El 15 de diciembre de 2021, a un año de la publicación "La república que tortura", la Asamblea Nacional electa en 2020 aprobó una ley para establecer la Comisión para la Garantía de Justicia y Reparación para las Víctimas de Delitos contra los Derechos Humanos.

Sin embargo, precisó, "Hasta la fecha, dicha comisión no ha informado de avances, cantidad de casos denunciados o incluso la forma de denunciar una presunta violación a los DDHH.

Por su parte el Programa Venezolano de Educación Acción en Derechos Humanos (PROVEA) contabilizó, entre enero y diciembre de 2021, un total de 241 víctimas de torturas. Esto representó un aumento de 148,4% en comparación con 2020, y el "segundo registro más alto de los últimos 33 años".

La coordinadora de investigación de PROVEA, Lissette González, ha dicho que las denuncias de tratos crueles, inhumanos y degradantes han aumentado "pese al seguimiento que están haciendo los organismos de monitoreo internacional y pese, sobre todo, al inicio de la investigación de la CPI".

El 28 de junio de 2022 la ONG Coalición por los Derechos Humanos y la Democracia advirtió en su más reciente informe que los familiares de víctimas de torturas deben hacer frente a "obstáculos" impuestos por el Estado venezolano para denunciar sus casos, según reportó el portal Informe21.

El vocero de esa institución, abogado Kelvi Zambrano, reveló al efecto que en muchos casos los funcionarios encargados "desconocen" la legislación venezolana en materia de tortura.

-Desconocen también –afirmó- la normativa internacional. Esto trae como consecuencia que no sea posible que los funcionarios del sistema de justicia puedan aplicar la ley y además desconocen el procedimiento que está establecido, que exige que cuando un funcionario tenga conocimiento de uno de los tipos penales que está tipificado en esta Ley puedan notificar a la Defensoría del Pueblo", dijo en conferencia de prensa.

Más adelante Informe21 apuntó:

-Zambrano subraya que el Estado tiene la responsabilidad de proporcionarle los instrumentos adecuados a los funcionarios para que conozcan el alcance de la legislación y sepan aplicarla cuando tengan conocimiento de uno de los tipos penales. Resaltó, además, que del 100 % de los casos de torturas denunciados por la organización que integra, la Comisión Nacional de Prevención de la Tortura y otros Tratos Crueles, Inhumanos o Degradantes, presidida por el defensor del pueblo, Alfredo Ruiz, solo en un 30 % han obtenido respuesta.

Luego precisó:

-De acuerdo con un informe que abarca el período comprendido entre el 1 de mayo del 2021 y el 30 de abril de este año y que será presentado el miércoles por Michelle Bachelet, alta comisionada para los Derechos Humanos de la ONU, esa instancia ha seguido documentando casos de detenciones arbitrarias, desapariciones forzosas y torturas en Venezuela.

Se trata del último informe sobre Venezuela que Bachelet presentará antes de dejar el cargo en septiembre.

El año pasado, la Asamblea Nacional de mayoría chavista aprobó la reforma de un paquete de leyes para transformar el sistema de justicia y, según explicaron, incrementar los derechos del ciudadano común.

Miembros de la sociedad civil consideran que las reformas implementadas buscan "eludir" la competencia de la Corte Penal Internacional (CPI), que en noviembre del año pasado decidió abrir una investigación formal a Venezuela por denuncias de delitos de lesa humanidad.

Al final destacó:

-En marzo, la Misión Internacional Independiente de Determinación de Hechos sobre Venezuela (FFM) reiteró su preocupación respecto al "limitado" alcance de las investigaciones de algunas conductas que podrían constituir delitos de lesa humanidad, contra autoridades materiales "de bajo nivel", por lo que están ampliando las actuales investigaciones a las responsabilidades de "más altas" de la cadena de mando

En la misma fecha, la periodista Orianny Granado, de TalCual, reportó:

-Un informe de seguimiento desarrollado por organizaciones de la sociedad civil venezolana de derechos humanos con experticia en los temas tratados, destaca los principales elementos que ilustran el nivel de implementación y cumplimiento de las recomendaciones realizadas por la Alta Comisionada de las Naciones Unidas para los Derechos Humanos al Estado venezolano, en sus informes 2019-2021.

Granado agregó:

-En ambos informes, la Alta Comisionada instó a mejorar la situación de los derechos humanos en el país. El Informe sobre el cumplimiento de las recomendaciones de la oficina de la ONU sobre DDHH en Venezuela, recoge aportes actualizados de organizaciones venezolanas de derechos humanos con experticia en los temas tratados.

A juicio de estas ONG, el Estado continúa sin acatar plenamente la totalidad de recomendaciones realizadas por la Alta Comisionada. Al respecto, destacan aquellas relativas a la libertad individual e independencia judicial.

Este informe está suscrito por las organizaciones PROVEA, el Centro de Justicia y Paz (CEPAZ), Centro de DDHH de la Universidad Metropolitana, Centro de DDHH de la Universidad Católica Andrés Bello, Amnistía Internacional, Global Centre for the Responsibility to Protect, Freedom

House, FIDH e ISHR.

El miércoles 29 de junio de 2022 el portal 800 Noticias y otros medios publicaron:

-En Venezuela continúan las vulneraciones a los derechos humanos y esto quedó reflejado en la presentación del informe de la alta comisionada de la ONU, Michelle Bachelet, quien este miércoles presentó la actualización sobre el país.

Demoras indebidas en el sistema judicial, violaciones al debido proceso, hostigamiento y censura contra medios de comunicación, restricciones del espacio democrático, la aplicación de una ley antiterrorista contra las ONG es parte del contexto venezolano expuesto por Bachelet.

También señaló: -Mi equipo documento 166 restricciones indebidas del espacio democrático y cívico. También registramos 34 casos de hostigamiento y censura contra medios y bloqueo de web. Sigue preocupando el uso de la ley antiterrorista contra las ONG", detalló.

Por su parte el medio citado comentó que "Sin embargo, a pesar de lo resaltado por alta comisionada, indicó que su oficina registró menos muertes en el contexto de las operaciones de seguridad".

El informe igualmente indicó:

-Mi oficina documentó menos muertes en el contexto de las operaciones de seguridad que en años anteriores. Aun así, una muerte siempre es demasiado.

800 Noticias apuntó igualmente que "Durante la presentación del informe denunció también que ya no le permiten a su equipo en Caracas, el ingreso a la sede del DGCIM en Boleíta ni al SEBIN Helicoide" y "También tomó nota de las condenas de miembros de las fuerzas de Defensa y Seguridad en siete casos de muertes en protestas que ocurrieron en 2017" y aseguró: "quiero alentar a que se haga más".

La alta funcionaria de la ONU pasó por alto apuntar que se castigó a los asesinos, pero no a quienes ordenaron esas muertes.

Más adelante el medio precisó:

-Según la documentación presentada por Bachelet, se han registrado menos detenciones arbitrarias en el país, pero además han existido "avances" desde que visitó Venezuela hace tres años, en cuanto a la implementación de recomendaciones formuladas por su oficina para la administración de Nicolás Maduro, que insistían en la liberación de presos políticos, disolución de las FAES, entre otras.

Asimismo, recuerda la alta funcionaria de la ONU:

-Tras la reciente detención de jóvenes que manifestaban pacíficamente, reitero que cualquier límite contra la libertad debe cumplirse con el derecho internacional de los DDHH.

Quiero alentar a las autoridades a que tomen más medidas para promover cambios estructurales y a largo plazo en el país. Llamo para que las iniciativas legislativas se acompañen de consultas genuinas", sentenció.

El medio observó que "A pesar de decir que hay "avances", insistió nuevamente en la liberación de todas las personas detenidas arbitrariamente.", asimismo manifestó que su oficina continúa observando desafíos en cuanto a los derechos económicos, sociales y culturales, en los cuales las poblaciones indígenas son las más afectadas.

> *Respecto a este informe el representante del narcodictador Nicolás Maduro ante la ONU, con derecho a palabra, pero no al voto, afirmó que el mismo busca confundir al mundo, como si diariamente los medios nacionales e internacionales no informaran sobre las crueldades cometidas contra los ciudadanos por los diferentes órganos de exterminio del régimen, incluidos los círculos del terror.*

En la misma fecha de presentación del informe El Pitazo reveló los puntos más importantes abordados por Michelle Bachelet, que tanta roncha provocó en Nicolás Maduro y en el teniente (retirado) Diosdado Cabello, que tuvo el cinismo de afirmar que en Venezuela hay absoluta libertad de expresión olvidándose de que cuando presidió la siniestra Comisión Nacional de Telecomunicaciones, cerró arbitrariamente decenas de emisoras radiales por no ser afines a la dictadura del teniente coronel (retirado) Hugo Chávez y que con la anuencia del sumiso Tribunal Supremo de Justicia se adueñó de la sede del diario El Nacional.

Al efecto reportó:

-Caracas. - La Alta Comisionada de Derechos Humanos de la ONU, Michelle Bachelet, presentó su más reciente informe sobre Venezuela este 29 de junio ante el Consejo de Derechos Humanos, en el que destaca que, aunque hubo mejoras en algunos aspectos, las libertades cívicas continúan restringidas en la nación. Resaltó las amenazas contra voces disidentes y las violaciones de la libertad de expresión.

Este es el último informe que Bachelet presenta ante el Consejo de

Derechos Humanos sobre Venezuela en vista de que el próximo 31 de agosto concluirá su mandato como alta comisionada de la ONU. Durante su periodo consiguió establecer un diálogo con el gobierno de Maduro que recientemente aceptó ampliar a 16 el número de empleados de esta Oficina en Caracas.

Luego citó los puntos claves del documento:

-Restricciones

Entre mayo de 2021 y abril de este año su equipo documentó 166 casos de restricciones indebidas, lo que incluye casos de criminalización y amenazas contra voces disidentes, además de 34 violaciones de la libertad de expresión.

Constataron situaciones de acoso, censura, confiscación de equipos profesionales y el bloqueo de portales web, además del uso de la legislación antiterrorista y contra el crimen organizado para impedir el trabajo de defensores de derechos humanos y periodistas.

Sin embargo, el teniente (retirado) Diosdado Cabello considera que "En Venezuela hay absoluta libertad de expresión". Debe ser porque desde el programa que conduce en Venezolana de Televisión "Con el mazo dando" abusa de esa libertad para despotricar de quienes no comulgan con el socialismo del siglo XXI y difamar e insultar al que le da la gana, sin que la CONATEL lo sancione con la radio, la televisión y portales digitales, la mayoría de los cuales están bloqueados. Vale la pena preguntarse si ese señor le paga a VTV el espacio de ese programa escatológico.

Las FAES y casos de las protestas

Entre las medidas positivas de las que informó Bachelet, destaca la disolución de las Fuerzas de Acciones Especiales (FAES) conforme a una recomendación que había formulado en este sentido en sus primeros informes y que aconsejó debido a las alarmantes cifras de casos de ejecuciones extrajudiciales.

Comentó en su presentación que esta es una oportunidad para "reforzar la naturaleza civil de las fuerzas de seguridad".

Por otro lado, mencionó el procesamiento de militares y policías involucrados en siete muertes en las protestas de 2017, así como el hecho de que el fiscal general, Tarek William Saab, haya compartido información sobre algunos casos.

Otros puntos positivos: se documentaron menos detenciones arbitrarias. Igualmente, se determinó que hubo menos muertes en el contexto de operaciones de seguridad que en años anteriores.

Liberación de detenidos arbitrariamente

En el ámbito de la detención, la alta comisionada mencionó que persiste la preocupación por las condiciones en cárceles como la del Servicio Bolivariano de Inteligencia Nacional (SEBIN) en El Helicoide y la Dirección General de Contrainteligencia Militar (DGCIM) en Boleíta, donde consideró que hay riesgo de malos tratos y de detenidos incomunicados.

Asimismo, señaló que las autoridades ya no permiten el acceso del personal de su organismo al Helicoide ni a la DGCIM de Boleíta.

Reiteró, como en sus otros informes sobre el país, la solicitud de liberación plena e inmediata de las personas detenidas arbitrariamente, sobre todo, cuyas aprehensiones han sido consideradas arbitrarias por el grupo de trabajo de Naciones Unidas y para los que cumplieron condena o cuentan con la boleta de excarcelación.

"Se debe garantizar a los detenidos la defensa de su elección y los que necesiten atención médica que puedan recibirla de manera oportuna y adecuada. Las reformas legales adoptadas para reducir las demoras judiciales y limitar la prisión preventiva, deben ser tomadas a la brevedad", recomendó.

También subrayó la importancia de que el Estado fortalezca la independencia judicial y la separación de poderes, por lo que instó al gobierno a nombrar una mayor cantidad de jueces titulares del Tribunal Supremo de Justicia mediante un proceso público y transparente.

Este texto se redactó con información de EFE y el portal web de Naciones Unidas.

El 30 de junio de 2022 la periodista Orianny Granado, de TalCual, reportó:

-De acuerdo al más reciente informe de la Comisión para los Derechos Humanos y la Ciudadanía (CODEHCIU), las ejecuciones extrajudiciales al parecer siguen siendo un patrón que se mantiene desde los cuerpos de seguridad.

Solo entre septiembre del 2021 y abril del 2022 la organización registró al menos 43 presuntas ejecuciones extrajudiciales perpetradas por cuerpos policiales y militares solo en el Estado Bolívar.

Serían los municipios Caroní, El Callao y Piar, los que tienen la mayor cantidad de registros de ejecuciones con 16, 11 y cinco respectivamente.

El informe sobre monitoreo de estas muertes señala a la Guardia Nacional (GN) como el organismo más letal, siendo los supuestos responsables de 20 víctimas en el Estado Bolívar.

Luego apuntó:

-En la misma entidad, siguen otros cuerpos de seguridad como el Cuerpo de Investigaciones Científicas, Penales y Criminalísticas (CICPC), el Servicio de Investigación Penal del Estado Bolívar (SIPEB) y la Policía Nacional Bolivariana (PNB).

La CODEHCIU advierte en el caso de Bolívar que tres hombres murieron bajo custodia del Estado, uno en la cárcel de Vista Hermosa y dos en los calabozos del Centro de Coordinación Policial de Guaiparo, municipio Caroní.

Asimismo, indicó:

-También registraron 28 presuntas víctimas de ejecuciones extrajudiciales en el estado Monagas durante los últimos ocho meses, tras un monitoreo a medio de comunicación de la entidad. Este tipo de asesinatos se registraron en seis de los 13 municipios que conforman la entidad, siendo la capital (Maturín) la más afectada.

23 de estas personas murieron en presuntos enfrentamientos con cuerpos de seguridad, mientras que responsabilizaron a la PNB de haber ejecutado a ocho de estas víctimas.

En el Estado Monagas suele haber una cifra menor de ejecuciones extrajudiciales que no debe traducirse en una menor incidencia de la letalidad policial y militar, pues siempre habrá un subregistro de casos que no trascienden a la prensa regional", alertó CODEHCIU.

Al final puntualizó:

-La mayoría de las ejecuciones extrajudiciales no trascienden a la prensa, relató el informe, y el Estado no da acceso a cifras oficiales. CODEHCIU presume que no hay una disminución real de la ocurrencia de esta violación de derechos humanos, y el Estado no ha tomado en cuenta las recomendaciones de los organismos multilaterales para prevenirlo.

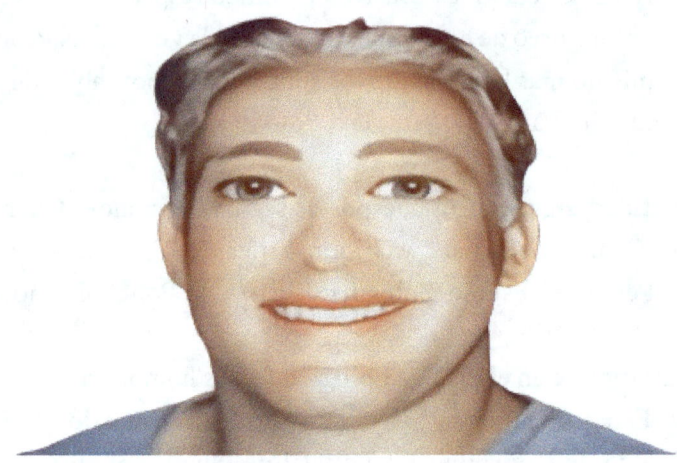

El 1 de julio de 2022 la activista en derechos humanos, Tamara Suju, advirtió que trasladar nuevamente a la DGCIM al estadounidense John Matthew Heath, preso político de la administración de Nicolás Maduro desde 2020, sería un grave error que incluso pondría en peligro su vida.

Así lo reseñó el portal 800 Noticias, con información de El Nacional, agregando.

-El veterano de la Marina de Estados Unidos continúa con el mismo cuadro físico, psicológico y psiquiátrico luego de que tratara de suicidarse en días pasados.

Luego indicó:

-Según contó Sujú, el personal médico del Hospital Militar le ha dado de alta y lo llevarán cuanto antes a la DGCIM, mismo lugar en el que ha sido torturado y en donde trató de quitarse la vida.

Llevar a John Matthew Heath al lugar donde lo torturaron y donde ha identificado a los funcionarios que lo torturaron y que además conviven con él, con ese cuadro clínico es cruel. Es pensar que ellos quieran que Matthew pueda volver atentar con su vida porque justamente estar ahí en ese lugar y el maltrato que recibió es lo que lo llevó hacer eso", alertó la defensora de derechos humanos.

Justamente Suju el jueves ofreció detalles sobre el caso del estadounidense que ha sido víctima de torturas físicas y psicológicas en la DGCIM. De hecho, la abogada señaló que el hombre ha recibido "amenazas de violación".

Además, contó lo que describió como uno de los más crueles modos de torturas por "los efectos que deja 'La Caja de Muñecas'" y donde ha estado Matthew Heath al menos una vez.

-Se trata de una especie de ducto de 60 x 60 x 2,75 de alto, donde la víctima no puede moverse, casi ni agacharse o sentarse. El lugar tampoco tiene ventilación ni luz, y los presos políticos no reciben agua ni alimentos, detalló la abogada.

Mientras el americano, preso en Venezuela desde septiembre de 2020, estuvo recluido en el Hospital Militar, en Caracas, lo visitó el enviado presidencial especial para Asuntos de Rehenes, Roger Carstens, y según dijo Suju, Heath le contó a Carstens "sobre su detención, proceso judicial y situación actual".

Tras su detención, al veterano de la Marina de Estados Unidos la justicia venezolana lo procesó por terrorismo. Se le acusó de planear ataques contra instalaciones petroleras y eléctricas.

Heath, de 40 años, piensa que lo detuvieron y torturaron solo por su nacionalidad estadounidense. Para el Departamento de Estado norteamericano, el ciudadano se encuentra detenido injustamente.

El 30 de junio de 2022 Nehomaris Sucre, de El Pitazo, en el reportaje "La justicia en Venezuela: así sentenciaron a los 24 sargentos de Cotiza", expresó:

-Antes de salir del poder Carlos Andrés Pérez liberó a 116 soldados que participaron en los intentos de golpe de Estado de 1992. Por su parte, Rafael Caldera le siguió con una política de conciliación y dio libertad incluso al líder de la intentona del 4 de febrero: Hugo Chávez. Corría entonces el año 1994 y nadie podía vaticinar las consecuencias de tal decisión.

Esa intentona golpista significó la muerte de más de un centenar de personas inocentes entre civiles y militares, muchos de los llevados bajo engaño a Caracas por partidarios del jefe de la asonada, teniente coronel Hugo Chávez, el único de los comandantes comprometidos en el golpe que fracasó.

Posteriormente indicó:

—Como si de un país nuevo e irreconocible se tratara, en la Venezuela de hoy el poder ejecutivo y el sistema de justicia actúan con una dureza innecesaria sobre los presos políticos, en especial sobre los militares. Así fueron dadas las recientes sentencias de hasta 15 años que deben cumplir los sargentos de la Guardia Nacional sublevados en Cotiza en 2019.

De los 24 sargentos, Luis Bandres fue quien recibió la condena más alta: 15 años y 9 meses por los delitos de motín e instigación. Los otros 23 militares fueron sentenciados a 7 años y 9 meses.

En seguida explicó:

—En el informe de la Misión Independiente de la ONU se describe la tortura que han padecido los sargentos en manos de la DGCIM. Respecto a Bandres se precisa que lo golpearon con un bate, le dieron patadas, incluso en sus genitales, lo asfixiaron con una bolsa y lo electrocutaron en distintas partes del cuerpo. Cuando el militar se desmayó por la electrocución, vertieron agua sobre él y le aplicaron corriente eléctrica de nuevo.

Producto de las torturas el militar se defecó y los efectivos de la DGCIM lo obligaron a comer sus propias heces fecales. Sumado a esto, Luis Bandres sufrió un intento de abuso sexual con un palo de pico. Todos estos detalles los señala el informe de la ONU.

Igualmente apuntó:

-En enero de este año, Bandres llevó a cabo una huelga de hambre, y su esposa Sandra Hernández denunció que el militar se encontraba en estado de aislamiento en la celda de castigo "tigrito" ubicada en la cárcel de La Pica, la razón del castigo fue que se negó a utilizar una camisa roja durante la visita familiar.

Después de que se conociera la sentencia, Hernández hizo pública en sus redes sociales la declaración de su esposo respecto al veredicto:

"Si es decisión de este tribunal sentenciarme injustamente siendo yo inocente de las afirmaciones infundadas hechas ante esta sede de justicia, sepan con el debido respeto, que juré y ofrendé mi vida a la nación, aunque mi tumba sea una celda de una cárcel".

La autora del texto periodístico, quien es politóloga y militar retirada, destacó al final del mismo:

-La ausencia de juicio fue uno de los principales reclamos que hicieron los familiares de los sargentos de Cotiza durante los tres años que llevan recluidos los efectivos. Ahora el juicio y la sentencia han llegado, pero a qué costo, pues las condenas han sido abrumadoras.

Actualmente hay 130 militares presos políticos, según datos de la ONG Foro Penal ¿Cuál será el destino de ellos? es difícil saberlo en un país en el que la separación de poderes dejó de existir desde hace mucho tiempo.

El 23 de septiembre de 2021 la periodista Gladylis Flores, de El Pitazo, reportó:

-Ciudad Guayana. - La Comisión para los Derechos Humanos y la Ciudadanía denunció al Cuerpo de Investigaciones Científicas, Penales y Criminalísticas (CICPC) de San Félix, Estado Bolívar, por allanamiento, tortura y detención arbitraria Alexander Marcano, habitante del sector Altamira en la misma ciudad el pasado 17 de septiembre.

Y agregó:

-El ciudadano Alexander Marcano, habitante del sector Altamira de San Félix, Estado Bolívar, fue víctima de allanamiento ilegal, amenazas, torturas, tratos crueles inhumanos y degradantes, el pasado viernes 17 de septiembre de 2021. Fuentes afirmaron a CODEHCIU que funcionarios del CICPC querían obligarlo, bajo tortura, a atribuirse hechos delictivos de los que era inocente", indicó la ONG a través de una nota de prensa.

MÁS TORTURAS Y DETENCIONES ARBITRARIAS

De acuerdo con el relato de CODEHCIU, seis funcionarios adscritos a la brigada contra robo se presentaron en la casa de Marcano, a las 2:00 p.m., sin orden de allanamiento ingresaron a la vivienda en donde estaba su esposa y su hija de ocho meses y amenazaron con un arma de fuego a su tío, de la tercera edad.

Luego apuntó:

-Los funcionarios (de los cuales cuatro no cargaban uniforme ni identificación) no encontraron ningún elemento de interés criminalístico, por lo que decidieron la detención arbitraria de Marcano, el cual fue trasladado a la sede del CICPC en San Félix", detalló CODEHCIU.

El carro de Marcano aparece en un video de seguridad en un lugar donde ocurrió un robo recientemente, por este motivo fue retenido por los funcionarios, pero fuentes aseguran a CODEHCIU que es la ruta que toma a diario para llegar a su casa.

Marcano estuvo durante cuatro horas sometido a torturas y tratos crueles en la sede del organismo policial, hasta que fue liberado, pero para regresarle el vehículo le pidieron dos mil dólares.

Posteriormente destacó:

-Fue esposado con las manos en la espalda desde las 2:00 hasta las 6:00 pm de ese viernes 17 de septiembre. En el trayecto hasta la sede del CICPC fue golpeado en la cabeza, cuello y estómago. Fuentes narraron a CODEHCIU que cada vez que la víctima expresaba que era inocente la obligaban a atribuirse el delito de robo con el uso de la fuerza física y la intimidación", mencionó la organización.

Para finalizar indicó:

-El hombre denunció ante el Ministerio Público la violación a sus derechos humanos, en donde le realizaron el examen médico correspondiente. Hasta el momento espera por respuesta de las autoridades, no le han regresado su vehículo y teme por la situación que vivió.

CODEHCIU exige al Ministerio Público el esclarecimiento de los hechos que lleve a la determinación de los responsables de esta violación de derechos humanos, y que el Estado asegure la no repetición y la devolución del vehículo de la víctima.

Esa arbitrariedad policial también fue reseñada por el periódico Correo del Caroní.

El 6 de julio de 2022, en TalCual, Marino Alvarado, coordinador de investigación y difusión del Programa Venezolano de Educación Acción en Derechos Humanos denunció el hostigamiento al cual fue sometido Gabriel Blanco por parte de efectivos de la siniestra Dirección General de Contrainteligencia Militar, a quienes dijo: "No se pueden llevar a Gabriel Blanco sin que muestren una orden. Estamos ante una nueva arbitrariedad y un nuevo hecho de represión en contra del movimiento sindical en Venezuela".

El día siguiente, en el mismo medio, la referida ONG denunció que durante la madrugada de este jueves 7 de julio fue detenido Gabriel Blanco, esposo de la activista de DDHH Diannet Blanco.

-El arresto –explicó- fue materializado por funcionarios de la Dirección de Inteligencia Estratégica (DIE) de la Policía Nacional Bolivariana (PNB), tras más de cinco horas de hostigamiento por parte de funcionario de la

Dirección General de Contrainteligencia Militar (DGCIM) por el supuesto delito de terrorismo.

TalCual detalló luego que "Para PROVEA, las autoridades venezolanas han iniciado una nueva ola de detenciones selectivas", porque "En la última semana se ha registrado la detención de al menos siete activistas políticos, todos vinculados a la organización Bandera Roja".

Por su parte, la defensora Diannet Blanco denunció que los efectivos de la DGCIM se trasladaron hasta su vivienda en Coche, al suroeste de Caracas, con la finalidad de llevarlo a presunta entrevista.

-Funcionarios de la DGCIM –comentó- se encuentran en este momento en la entrada de mi residencia y se quieren llevar a mi esposo detenido con la finalidad de hacerle una entrevista.

Asimismo, Blanco hizo un llamado a todas las organizaciones de derechos humanos y a la sociedad civil organizada para que los apoyen.

-Este tipo de situaciones –afirmó- no pueden seguir ocurriendo.

Respecto al perfil del agredido el medio destacó que Gabriel Blanco es trabajador, sindicalista y miembro de una ONG de atención a personas vulnerables. En cuanto a Dianett Banco señaló que es educadora, defensora de derechos humanos, colaboradora de PROVEA y expresa política.

Luego indicó que Blanco comentó que dichos funcionarios no le apuntaron con armas y que solo le solicitaron "que fuera a una entrevista (…) Yo sin tener ningún tipo de orden judicial no puedo asistir a una entrevista".

Además, destacó que no le mostraron orden de detención, "ni me han mostrado absolutamente nada para trasladarme", y por lo tanto #Solicitó la presencia de un fiscal y un representante de la Defensoría del Pueblo

Por otro lado, el coordinador de investigación y difusión de PROVEA, Marino Alvarado, solicitó a los funcionarios la orden de allanamiento y de detención contra Gabriel Blanco. Sin embargo, dijeron que "no la tienen".

Un grupo de vecinos de la Urbanización Carlos Delgado Chalbaud en Coche también se acercaron al lugar para intentar evitar que se lo llevaran de forma irregular.

El mismo medio digital reportó el día siguiente la detención de dos funcionarios de la siniestra Dirección General de Contrainteligencia Militar por la muerte de un efectivo del Cuerpo de Investigaciones Científicas, Penales y Criminalísticas detenido en la sede de ese organismo en San Fernando de Apure, Estado Apure.

La víctima, el detective Juan Ángel Pantoja, se encontraba detenida en los calabozos de la Dirección General de Contrainteligencia Militar (DGCIM) de San Fernando de Apure desde el pasado 5 de este mes por una denuncia de corrupción agravada.

Los detenidos por ese crimen responden a los nombres de Yarumy Rafael Figueroa y José Carlos Flores Pérez,

-El cadáver de Pantoja –explicó la nota de TalCual- fue hallado el jueves 7 de julio en horas de la mañana en un pipote de agua de la sede de la DGCIM-Biruaca. El periodista Javier Ignacio Mayorca, especializado en criminalística, informó por medio de su cuenta en Twitter que Pantoja "tenía restos de alimentos en la boca" y que, de acuerdo con la minuta, en la autopsia se determinó que el funcionario del CICPC murió asfixiado tras ser sumergido.

El examen forense también arrojó señales de posible tortura.

Luego indicó:

-La minuta policial precisa que cuando Juan Ángel Pantoja fue trasladado a la sede del CICPC para ser reseñado, informó a sus compañeros que estaba siendo torturado en la DGCIM; pero no se hizo nada al respecto.

Tras conocerse la noticia de la muerte de Pantoja, comisiones del CICPC-San Fernando se trasladaron a la sede de la DGCIM, pero no los dejaron entrar, dice el reporte policial.

El 11 de julio de 2022 Jesymar Áñez, de El Pitazo, reportó:

-Cariaco. - Un recluso murió tras una presunta tortura en los calabozos de la Dirección de Investigaciones Penales de la Policía Nacional Bolivariana en Cariaco, estado Sucre. La denuncia fue hecha por su madre, Alicia Ramírez, el sábado 9 de julio.

Ramírez declaró a medios de comunicación en Cumaná que su hijo fue llevado muerto hasta el hospital de Cariaco cinco días después de su detención, el 1 de julio.

Más adelante indicó:

-Velásquez declaró a los medios de comunicación de Sucre que en el informe forense también se indica que el preso tenía otras heridas.

Ellos (funcionarios) me mataron a mi muchacho cruelmente. Le fracturaron las costillas, le dieron golpes en la espalda, a mi hijo le metieron corriente. Yo quiero justicia", exigió Ramírez.

Después apuntó:

-Según Monitor de Víctimas, la víctima fue golpeada con un objeto contundente y también tenía el hígado dañado.

La familia de Hernández supo del deceso porque un amigo lo vio tirado en el piso del hospital y les avisó. "Los funcionarios no dicen nada, no han hablado con nosotros. Sabemos que han dado distintas versiones, entre ellas, que se cayó en el baño", publicó el canal de televisión Noticias Veinticuatro Horas de Cumaná.

Por su parte, Velásquez informó que una comisión del Cuerpo de Investigaciones Científicas, Penales y Criminalísticas (CICPC) indaga el caso y que hay un funcionario de la Policía Nacional Bolivariana detenido.

Monitor de Víctimas publicó que la muerte de Hernández generó protestas en Cariaco, municipio Ribero de Sucre. Sus familiares, amigos y vecinos salieron a protestar porque exigen que el caso no quede impune.

SAIME mantiene paralizada emisión de cédulas y pasaportes mientras usuarios reciben maltratos.

El portal Crónica.Uno, en su edición del 14 de julio de 2022, informó que

MÁS TORTURAS Y DETENCIONES ARBITRARIAS

"Según resultados de la autopsia, Rafael José Hernández Ramírez, presentó politraumatismos generalizados, desprendimiento de costillas, afección del tórax y expresión de corriente en los labios".

Familiares del detenido asesinado en calabozos de la DIP de Cariaco denunciaron presunta tortura ante la Fiscalía

La identificación completa de la víctima es: Rafael José Hernández Ramírez, omitida por la fuente.

La justicia al servicio de la narcodictadura

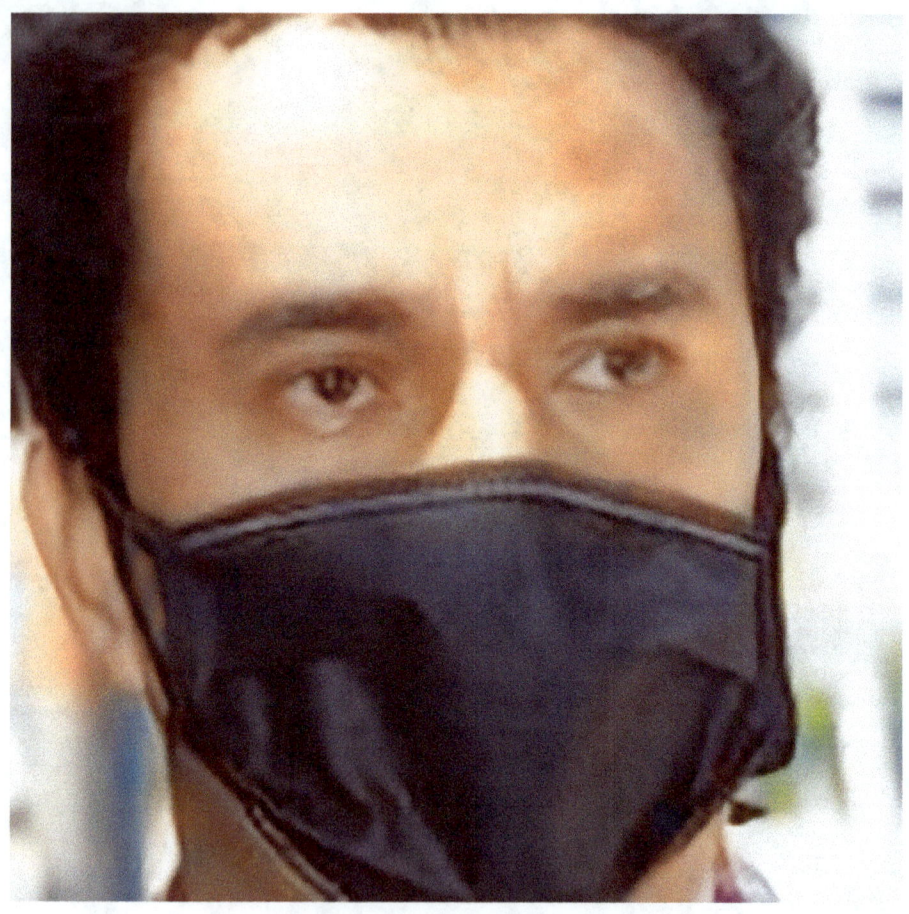

El 1 de julio de 2022 el portal Costa del Sol reprodujo el reportaje "La lentitud en el sistema judicial venezolano se afinca en vulnerar los Derechos Humanos", de la autoría de Guiomar López, de La Prensa de Lara, Barquisimeto, donde al inicio se lee:

- "Nada se parece tanto a la injusticia como la justicia tardía", dijo el filósofo romano Seneca y es la célebre frase que retumba entre los venezolanos, indefensos con el sinsabor de un sistema judicial caracterizado por el retardo procesal y con el clamor de no perder la esperanza de la intervención de la Corte Penal Internacional (CPI). Especialistas denuncian que no se respetan los lapsos y la anarquía nubla los derechos humanos, jugando al cansancio de las víctimas en procura de sentencias.

La espera que puede empezar por las notificaciones luego de varios meses, la audiencia preliminar a más de 45 días y las fases de un juicio tan incierto en el tiempo, es el panorama que solo deja a las expectativas y a riesgo de la resignación de quienes se cansaron de tanto exigir justicia, más aún cuando se depende de la defensa pública por no poder costear los honorarios profesionales de un abogado.

Luego escribe:

-No hay avances de la manera en que debería ser, es la apreciación de Manuel Virgüez desde la organización Movimiento Vinotinto en defensa de los derechos humanos, porque se siguen esperando por determinar responsabilidades. Señala la opacidad que ronda la falta de información a la que se enfrentan los defensores y familiares de víctimas.

"Se habla de impunidad y lo hemos vivido, sabiendo que de los asesinatos en las protestas nacionales existe un 90% de impunidad", rezonga de un Estado que poco se interesa por agilizar el sistema judicial y la falta de respeto por el dolor de familias que perdieron a parientes y siguen esperando por el peso de la ley contra los responsables de estos hechos.

Están conscientes que el proceso es largo para el reconocimiento y apego a la CPI, pero solo aspiran que la demora no tenga la recarga por otra connotación y los casos sean sometidos a la imparcialidad. "Se esperan los tiempos de la instancia internacional, pero confiados en lograr la justicia", señala Virgüez, frente a esa demostración de una cadena de mando, con alguna conexión al gobierno. No se trata de conformarse con la identificación del brazo ejecutor, sino trascender hacia la autoría intelectual.

Luego en el intertítulo "¿Qué pasará?", la autora apunta:

-Para el abogado y también miembro de Movimiento Vinotinto, Henderson Maldonado, se tienen las expectativas ante la CPI, que ya concluyó el examen preliminar y la fase de investigación es todo un proceso inédito para Venezuela. "Todos nos preguntamos: ¿Qué va a pasar?", refiere de esa necesidad de respuestas que no han tenido por parte del Estado.

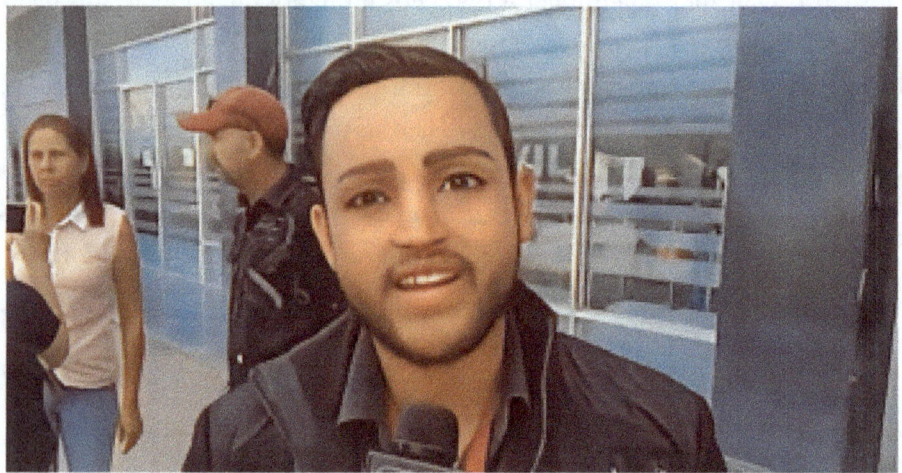

También se detiene en que desde el gobierno se desea dar a entender que existe una correspondencia y "presume estar apurado". Pero se cuestionan las investigaciones, al tener casos de 2.017 que han sido reaperturados. "Se saben de algunos casos en Lara, donde han designado fiscales de competencia nacional que hurgan en las experticias necesarias desde balísticas, antropométrica y reconstrucción de los hechos", refiere de esas fiscalías con informes que no han sido entregados a tiempo, algunos con periodos vencidos.

Precisa la recarga por retardo, con más fuerza al estar factores ligados al gobierno. "Son funcionarios que cumplen directrices del Estado y casi directamente del Ejecutivo nacional, que se deslindan de la protección de la nación", lamenta y lo asocia al caso de la profesora Janeth Ángulo (55), asesinada en julio de 2017 durante una protesta en El Tocuyo. Su juicio fue absolutorio, pero se logró otra apertura de juicio.

> *Sobre la muerte de la profesora Janeth Angulo, el 12 de julio de 2017 el portal El Estímulo informó que se encontraba en la puerta de su residencia cuando la Guardia Nacional se dirigió disparando hacia la urbanización donde residía. Autoridades de su deporte calificaron como "acto criminal" las circunstancias de su muerte. La última competencia nacional del canotaje venezolano, hace apenas 20 días en El Tocuyo, tuvo a Janeth Angulo como directora técnica. Formada por el modelador de ese deporte en nuestro país, Rubén Muñoz, Angulo era, junto a Judith Mogollón, una de las dos juezas internacionales de Venezuela. Anoche su vida fue segada por un disparo, aparentemente de la Guardia Nacional ... que intentaba sofocar una protesta cerca de su urbanización.*

"Yo quisiera saber quién es el comandante de esa unidad, quién autorizó a esos guardias a entrar con armas de fuego a una zona residencial", se quejó Sergio Navarro, ex presidente de la federación, que desde hace más de cuatro años vive una aguda disputa interna y se encuentra oficialmente acéfala, de acuerdo con el IND. "¿Hasta dónde vamos a llegar? Eso que la mató no fue un perdigón. Fue disparado a distancia y ella perdió mucha masa encefálica")

De acuerdo con el relato que vecinos y testigos compartieron con Judith Mogollón, amiga personal de Angulo desde hace más de 20 años, un grupo de manifestantes se había congregado a unos 200 metros de la urbanización. Desde temprano, Angulo intentaba que los jóvenes, muchos de los cuales habían sido sus alumnos de Educación Física, regresaran a sus casas. "Les decía a los representantes 'recojan a sus muchachos'", cuenta Mogollón. "Es falso que ella estuviera participando en la protesta o que estuviera resguardando personas en su casa. Ella, como docente ejemplar que era, estaba llamando a la calma".

-De pronto, -se explica- ya en horas de la noche, un contingente de la GN que trataba de dispersar una guarimba cercana enfiló contra la urbanización donde vivía Janeth Angulo, aparentemente persiguiendo a manifestantes que intentaban resguardarse allí. Lo hizo disparando. Angulo tuvo tiempo de cerrar el portón de su casa, pero no de terminar de entrar. Cayó desplomada por el disparo en la cabeza junto a la puerta, y fue su sobrina de 15 años, una joven especial a la que cuidaba mientras su madre se atiende un cáncer de mama en Barquisimeto, quien la encontró y pidió ayuda.

"Una amiga de la niña se atrevió a salir de su casa para ayudar y un vecino salió levantando los brazos para pedirle a la guardia que dejara de disparar, que había un herido", relata Mogollón. "De inmediato es trasladada al hospital Egidio Montesinos. Los vecinos hicieron lo que pudieron por ayudarla. Avisaron que la profesora iba en camino para que el hospital tuviera todo listo, pero a los 15 minutos de llegar, ella murió".

Entre tanto formalismo se va mucho tiempo e incluso personas se mueren a la espera de la justicia. Una preocupación del politólogo Radamés Graterol, sobre el "formalismo" sin respuestas oportunas. "Así como se simplifican algunos procesos, el sistema judicial debería tener celeridad", recuerda de funcionarios militares que no fueron sancionados por sus responsabilidades entre las víctimas de las protestas en contra del gobierno nacional.

Otro de los consultados para el reportaje, Radamés Graterol, comentó que "Hay gente que hasta fallece, esperando por justicia" porque "No hay respuesta oportuna" y agregó: "Tenemos victorias sin ser resarcidas, con víctimas en las que el tiempo pasa generando un estado de indefensión, omisión y autocensura por la resignación", lamenta y recuerda que es más limitado en aquellos llevados por la defensa pública, sabiendo que genera más demanda hacia fiscales o jueces.

El costo puede ser muy alto, con la impunidad galopante y refiere que "cuando tenemos un Estado forajido, no hay fuerza superior internacional que lo obligue a responder e ir más allá de sanciones personales". Identifica a la mayoría de las denuncias por atropellos a la administración pública, perdidas frente a la omisión. "Es sentir a un Estado que abarca todo, como un monstruo o serpiente de varias cabezas. Te sientes solo y callas", precisa de un silencio que carcome a la población en su reclamo por los derechos humanos.

En el intertítulo "La impunidad propicia abusos", la autora del reportaje apuntó:

-Cuando el derecho no está al servicio de la comunidad ni en el orden constitucional, el venezolano queda en un sistema judicial en anarquía. Lo advierte Marisol Bustamante, politóloga y defensora de los derechos humanos, al lamentar que la población queda a merced de la violencia y siendo más propenso el abuso contra menores o mujeres.

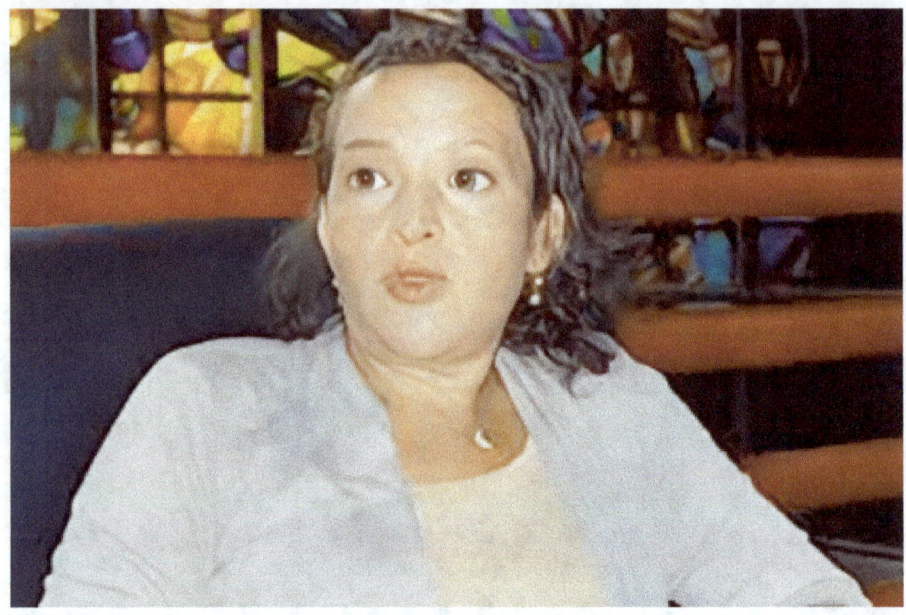

Explica que se trata de un escenario tentativo frente a la impunidad, por tantos "filtros" para llegar a acceder a la justicia. Situación que es aprovechada por aquellas personas violentas y que arremeten contra los más vulnerables, siendo las mujeres maltratadas y los abusos hacia los niños, niñas y adolescentes que hasta pueden generarse por familiares cercanos.

"Tantas dificultades nos lleva a un problema de salud pública, donde el derecho a la justicia se reserva solo a particulares", dice en tono de molestia, cuando los agresores se confían en las fallas del proceso judicial y los afectados se enfrentan a ese desgaste por dar continuidad a la denuncia o terminar derrotados por el desgaste.

La periodista indicó además que Bustamante es luchadora social en Lara, y ha acompañado a varias comunidades en el reclamo de sus derechos y considera la importancia de conocer la responsabilidad institucional.

Ella comentó: "Prefieren callar, caer en el silencio y terminar víctimas de la anarquía", y precisa de la necesidad de seguir presionando y exigiendo las sanciones a todos los responsables.

Igualmente recordó que la justicia es uno de los primeros elementos para someter a la población y se condensa en los extremos sociales, que todo se acelera, pero siguen quedando atrás esos procedimientos de lesa humanidad ante la Corte Penal Internacional (CPI).

Asimismo, llamó a cumplir con los lapsos del proceso judicial con la legislación y tratados ajustados al estado de derecho en la población.

Otro entrevistado, el abogado Emanuel Paradas aseguró que la demanda es por una manera de agilizar los procesos y eso no se cumple teniendo varios meses de la intermitencia del sistema Juris 2000. Asimismo, indicó las fallas de este registro que permite ubicar denuncias y expedientes, para ganar tiempo en cada uno de los procesos.

También lamentó que, pese a los intentos de actualización, los procedimientos siguen tardando y se debería tener de mayor acceso.

-Un tema –comentó- que puede complicarse en los casos de la defensa pública que termina de colapsar por la demanda de tantas solicitudes. Lo ideal sería contar con una plataforma que suministre el expediente digital y así conocer el estatus.

Señaló asimismo que las dificultades suelen empezar desde lo más sencillo, cuando conoce de abogados que han tenido que buscar servicios en el ciber e imprimir boletas, cuando el palacio de justicia no cuenta con impresoras.

De igual modo aseveró que el área laboral es una de las áreas que no escapa al retardo judicial y empiezan a asumirla desde el acuerdo, propiciando una mediación. -Todo es tan tardío –afirmó- desde la instancia administrativa, más aún tratándose de instituciones públicas", advierte de lo cotidiano con el colapso en la inspectoría del trabajo y con notificaciones que pueden tardar hasta dos meses.

Sobre esta irregularidad judicial Esperanza Hermida dio a la publicidad, el 8 de julio de 2022, en Tal Cual, el artículo "¿Justicia en Venezuela?", donde planteó:

-Mientras el impacto de la rueda de prensa del fiscal general de la república recorre casi todos los rincones de la izquierda, la derecha y el centro del país político, la Venezuela cotidiana constata la falta de instituciones sólidas, vive la desconfianza, el miedo y el hastío ante la brutal corrupción que infesta todo. Lamentablemente, al caso de Carlos Lanz se suma un mar de ejemplos de detenciones arbitrarias, desapariciones, secuestros, torturas y muertes, donde una línea imperceptible separa al delito de la violación de derechos humanos: la complicidad del estado.

La represión a la disidencia política, así como la criminalización a la protesta social, se han convertido en prácticas sistemáticas del estado en Venezuela. Unidas a la descalificación y al desprecio, que manifiestan las autoridades ante la exigencia de reivindicaciones e incluso, frente a la defensa de los derechos establecidos en la constitución, se trata de patrones de comportamiento que han adquirido la connotación de históricos, cara al reclamo popular. Lo fue en el siglo XX y lo es en lo que va del siglo XXI.

Luego sentenció:

-En Venezuela se ha normalizado la irregularidad, lo arbitrario y la perversión de la corrupción, tornando casi que en ridículas las demandas de trato digno, humano, eficacia y calidad, por parte de cualquier persona ante la función pública. No hay hueso sano en materia de violencia institucional, y esa realidad sitúa al país en los últimos lugares, a nivel mundial, cuando de acceso al disfrute de derechos se trata.

Y agregó:

-Peor aún es cuando los derechos sociales están tan cercanos al ejercicio de los derechos civiles y políticos. Tal es el caso del trabajador de Ferrominera del Orinoco, Rodney Álvarez, acusado injustamente, porque jamás hubo pruebas, de un crimen que en realidad cometió un militante del PSUV. Álvarez estuvo detenido arbitrariamente durante 11 años y fue absuelto por un tribunal hace un par de meses, sin que, al momento de escribir estas líneas, se conozca la decisión de la empresa estatal respecto a su reincorporación al puesto de trabajo que tenía cuando arbitrariamente le privó el estado de su libertad personal. Tampoco se conoce si el estado lo indemnizará por la cadena de irregularidades que cometieron diversas autoridades judiciales, haciendo injustamente largo e ilegal su encarcelamiento.

Durante esos 11 años crecieron sus hijos, Rodney perdió parte de su movilidad física y vivió el horror que significa ser un preso común en Venezuela. También está el caso del encarcelamiento de Rubén González, emblemático líder sindical de la misma empresa de Guayana, varias veces agredido por la institucionalidad judicial venezolana, por defender los derechos colectivos laborales.

Después precisó:

-En este sentido, la libertad sindical es un concepto absolutamente vacío de contenido para el gobierno venezolano. Los sindicatos hacen asambleas para tomar decisiones y esas reuniones frecuentemente son asaltadas por las bandas armadas del oficialismo, produciéndose hechos como el ocurrido en Ferrominera del Orinoco, con el saldo de un trabajador asesinado en junio de 2011, quien fue víctima, como se ha reiterado y denunciado, de la violencia política investigada por el PSUV, para luego pretenderse desde la institucionalidad judicial, incriminar a Rodney Álvarez.

Por ello, entre muchos ejemplos que forman parte de un capítulo triste de la historia contemporánea del país, la clase trabajadora es uno de los sectores sociales que más conoce la ausencia de justicia en Venezuela.

También aseguró:

-Para nadie es un secreto que por miles se cuentan los ciudadanos que sufrieron en el pasado reciente vejaciones y fueron víctima de maltratos y diversas formas de tortura, como práctica sistemática, realizada de manera probada y comprobada por parte de los cuerpos de seguridad del estado venezolano, con motivo de ejercer el derecho a la manifestación y a la libertad de expresión. Para provocar y justificar la dilación procesal en las múltiples situaciones de detención arbitraria en este contexto de crispación política, se utilizan fríamente las omisiones y demoras de la fiscalía y de la defensoría del pueblo.

Junto con los tribunales, tanto el ministerio público como la defensoría son entes que dan la espalda a su razón de ser constitucional. En la actualidad, por motivos políticos, más de 100 personas se encuentran detenidas arbitrariamente. Muchas de ellas, con problemas de salud. La mayoría tiene la característica de oponerse a las ejecutorias del gobierno, bien sea desde la izquierda, la derecha o el centro.

(...) El desprestigio de la institución judicial en Venezuela es de tal magnitud que poca credibilidad merece lo que ha expuesto el vocero principal del ministerio público, a pesar de lo extenso de su rueda de prensa, los detalles macabros que –quizás innecesariamente- expuso de forma pública, la reproducción de un video contentivo de la confesión, aparentemente voluntaria y apacible de uno de los presuntos autores y la exposición de una serie de pruebas que deben configurar el expediente penal del caso.

(La autora de este artículo es activista de DDHH, clasista, profesora y sociosanitaria)

La narcodictadura ascendió a dos torturadores de la DGCIM

El 6 de julio de 2022 la periodista Sofía Nederr, de TalCual, reportó:

-Dos de los militares recientemente ascendidos por el gobernante Nicolás Maduro han sido acusados por víctimas de torturas de la Dirección General de Contrainteligencia Militar (DGCIM).

Así lo denunció, este martes 5 de julio, la abogada Tamara Suju, a través de su cuenta de Twitter.

Sofía Nederr añadió:

-Suju, defensora de derechos humanos, directora Ejecutiva de Casla Institute y delegada ante la Corte Penal Internacional (CPI), dijo que los militares denunciados por las víctimas son el nuevo general de División del Ejército Carlos Enrique Terán Hurtado y el nuevo teniente coronel (GN) Néstor Blanco Hurtado.

De acuerdo con la denuncia, la abogada llamó la atención de la CPI y del fiscal Karim Khan puesto que los militares fueron ascendidos, "premiándolos en vez de investigarlos".

A continuación, indicó:

-La abogada enfatizó que los militares señalados en su denuncia, "estos dos funcionarios tienen un prontuario tanto en la dirección de la DGCIM que induce y ordena las torturas como en la ejecución de las mismas. No hay intención de investigar a los responsables de los crímenes. Maduro premia la lealtad con impunidad".

Asimismo, Tamara Sujo dijo que el ahora general Carlos Enrique Terán Hurtado, quien se ha desempeñado como director de la DGCIM en Boleíta y de la subdivisión ubicada en Fuerte Tiuna, "es junto con el general Iván Hernández Dala (director de la DGCIM), inductor y cómplice del deterioro de salud de quienes permanecen en ambas cárceles".

Terán Hurtado pertenece a la promoción "General en Jefe José Antonio Paéz II" que egresó de la Academia Militar en 1994. En sus tiempos de coronel, el militar fue director de la Región de Contrainteligencia Militar N° 2, los Andes.

Posteriormente apuntó:

-En el caso del teniente coronel Néstor Blanco Hurtado, la abogada y defensora de derechos humanos denunció que el militar integra el grupo de quienes "con sus manos, tortura a civiles y militares en las catatumbas de la DGCIM en Boleíta".

La abogada Tamara Suju también informó que dirigió una comunicación a la CPI una nueva comunicación sobre la grave situación de los detenidos en la DGCIM. "La privación de medios de vida como el aire que respiran al punto de la Asfixia es tal que hasta un preinfarto causó en uno de los presos".

Finalmente, la defensora de derechos humanos Expresó que los responsables de la DGCIM dieron la orden de remodelar celdas, "incluyendo la 'Jaula de los Locos' o cuarto oscuro.

-En la 'Casa de los Locos' explicó- remodelaron dos celdas, encerrando a los detenidos que respiraron durante tres días, además de monóxido de carbono, polvo y gasolina", aseveró.

Nueva excusa para reprimir y perseguir

El 5 de julio de 2022 el periodista de investigación, Jesús Hermoso Fernández, del portal El Pitazo, escribió:

-Vista la entrega casi total de la dirigencia opositora al escenario electoral, la dictadura venezolana avanza nuevamente hacia un modelo represivo con el aval, negociado mediante, de sus supuestos antónimos políticos. El llamado de Nicolás Maduro a las Fuerzas Armadas, que de forma diligente atendió Ceballos, dirige nuevamente artillería contra cualquier manifestación de descontento. La excusa: sabotaje al Sistema Eléctrico Nacional.

> *Se trata de Remigio Ceballos, quien ostenta el rango de almirante en jefe, y comandó la Operación Gedeón que asesinó al inspector Oscar Pérez y a su grupo. Ha sido sancionado por el Reino Unido, por corrupción y violación de los derechos humanos y por la Unión Europea, señalado del uso de fuerza excesiva y tratos inhumanos y degradantes por parte de funcionarios a sus órdenes contra presos políticos y manifestantes. A la fecha de este capítulo, 11 de julio de 2022, ocupaba el cargo de ministro del Interior, Justicia y Paz, despacho a cargo de la represión y persecución de adversarios de la narcodictadura a la que sirve.*

NUEVA EXCUSA PARA REPRIMIR Y PERSEGUIR

Luego indicó:

-Pero los principales "presuntos indiciados" que han sido detenidos, perseguidos y acusados en las últimas horas han sido maestros, líderes indígenas, jubilados, pensionados, trabajadores y hasta enfermeras. La más reciente noticia fue de la enfermera María Suárez, coordinadora del Hospital Pastor Oropeza Riera de Carora, quien fue sometida a estar esposada por al menos dos horas, luego de exigirles el uso de mascarillas a dos oficiales de policía. Pero este es el caso menos complejo.

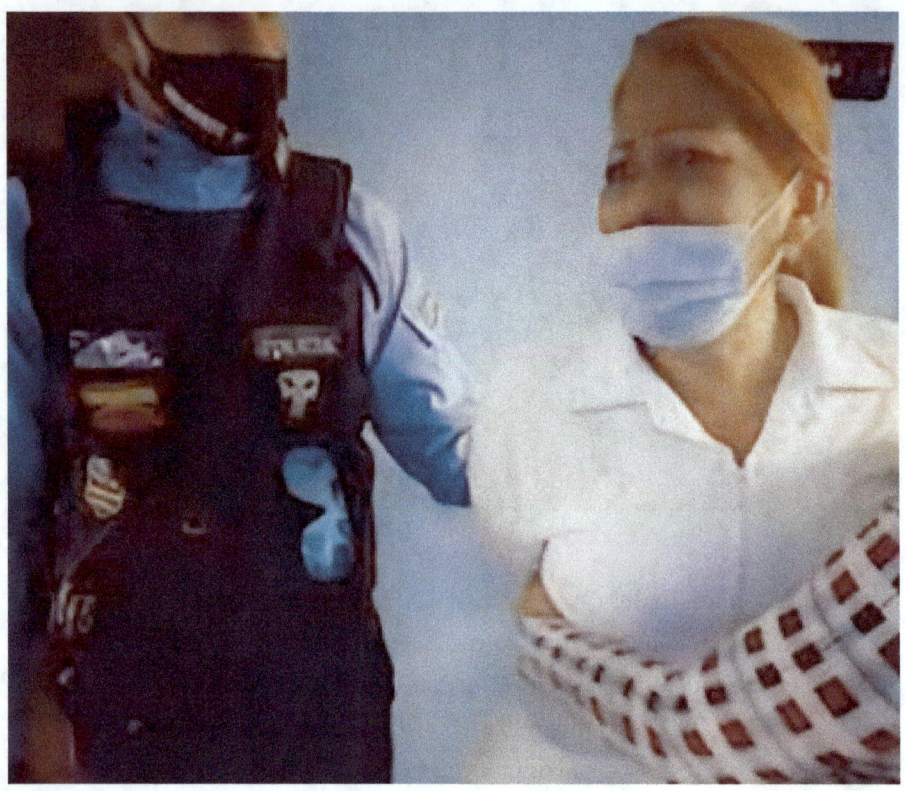

A continuación, destacó:

Tras la solicitud de Maduro, el ministro Ceballos declaró: "Mantenemos seguimiento a los grupos generadores de violencia, con conexiones extraterritoriales, para ponerlos a orden de la justicia". Tres días antes cae asesinado por desconocidos Virgilio Trujillo Arana, líder indígena del municipio Autana, en Amazonas, defensor de la selva y coordinador de los Guardianes Territoriales Uwottuja que ha enfrentado las políticas extractivistas del Gobierno de Maduro y a las fuerzas irregulares que ampara el régimen en la zona. Pero los planes de este líder no tenían relación con ataques al sistema eléctrico. Durante años denunció la presencia de grupos armados en la selva, minas y territorios indígenas. Incluso denunció la instalación de pistas clandestinas para el traslado ilegal de oro extraído de nuestro territorio y traficado de forma ilegal. El indígena, de hecho, fue clave en una investigación publicada en el portal Armando.info, en el que develan estas pistas clandestinas en la Amazonía.

En días recientes y previo a las declaraciones de incremento de la represión, el régimen chavista ha detenido, amenazado y perseguido a dirigentes sindicales y de trabajadores. En SIDOR destacan cuatro trabajadores del área de Palanquillas y tres del área de Planta de Pellas de la Siderúrgica del Orinoco (SIDOR) quienes recibieron, a través de dos fiscales de la Inspectoría del Trabajo Alfredo Maneiro, un decreto de medida cautelar dictada por el mismo ente, que inicia un procedimiento de "autorización para despedir" que la compañía solicita en su contra.

La directiva de la empresa estatal considera que estos trabajadores son los "cabecillas" de la huelga de brazos caídos que se inició el viernes 17 de junio. La huelga es por el incumplimiento de un aumento salarial del 186% prometido por el presidente de la compañía, Néstor Astudillo.

También son emblemáticas las imágenes de funcionarios del SEBIN y de la Policía Nacional amedrentando la protesta de trabajadores de Supra en la zona de Las Mayas en Caracas. Más detestable ha sido el amedrentamiento que colectivos y grupos paramilitares del oficialismo han hecho contra pensionados y jubilados en protestas recientes, y la amenaza directa al dirigente sindical Pablo Zambrano por parte del líder del grupo La Piedrita.

Seguidamente apuntó:

-El lunes, 4 de julio, nos enteramos del secuestro del dirigente de Bandera Roja en Caracas, el maestro y artista plástico Alcides Bracho. La acusación: haber participado en protestas en 2014 y 2017 como "terrorista". A quienes conocen a Bracho les es sumamente fácil desechar esta acusación, aunque ciertamente Bracho ha sido dirigente revolucionario y popular de Caracas desde su juventud, en la cuarta y en la quinta. Hoy está secuestrado por la policía política, incomunicado y sin derechos.

La represión está dirigida desde diversos instrumentos, contra quienes comienzan a levantarse contra el régimen y sus políticas desde las fábricas, pueblos e instituciones, en su lucha por salarios dignos, condiciones de vida y de trabajo y respeto a nuestra integridad territorial.

Ninguno ha tenido relación con el sistema eléctrico, pero muy seguramente encontrarán la excusa para establecer el vínculo. Entre tanto, la Plataforma Unitaria mantiene esfuerzos por restablecer la negociación entre el régimen de Maduro, los EE. UU. y la representación del G10 de cara a las elecciones presidenciales de 2024.

El delito de opinar en WhatsApp

El artículo 57.de la Constitución chavista reza: "Toda persona tiene derecho a expresar libremente sus pensamientos, sus ideas u opiniones de viva voz, por escrito o mediante cualquier otra forma de expresión, y de hacer uso para ello de cualquier medio de comunicación y difusión, sin que pueda establecerse censura".

Por su parte, el artículo 48 de nuestra Carta Magna establece: "Se garantiza el secreto e inviolabilidad de las comunicaciones privadas en todas sus formas. No podrán ser interferidas sino por orden de un tribunal competente, con el cumplimiento de las disposiciones legales y preservándose el secreto de lo privado que no guarde relación con el correspondiente proceso".

El artículo 60 es suficientemente claro en esa materia al señalar: "Toda persona tiene derecho a la protección de su honor, vida privada, intimidad, propia imagen, confidencialidad y reputación. La ley limitará el uso de la informática para garantizar el honor y la intimidad personal y familiar de los ciudadanos y ciudadanas y el pleno ejercicio de sus derechos"

Estas disposiciones legales en favor de la ciudanía para garantizarle, por parte de las autoridades competentes, la salvaguardia de sus derechos a la privacía e intimidad, se convierten en la práctica en letra muerta para los cuerpos de exterminio de la narcodictadura de Nicolás Maduro, cuyo régimen, solamente en 2021, intervino casi 900 mil teléfonos de Movistar, haciendo gala de su sumisión a la dictadura cubana, de la que recibe directrices en esa materia, a pesar de ser inconstitucional, y en aspectos relativos a la represión de manifestaciones públicas, tortura y arbitrariedades como detener a familiares cual rehenes, al no dar con el paradero de la víctima que buscan.

El 27 de junio de 2022, Costa del Sol, reprodujo el reportaje que sobre ese tema publicó Gustavo Ocando Alex, de Vozdeamerica.com, donde su autor escribió de entrada:

-Yonh (*), un veinteañero venezolano, estaba encolerizado la noche del viernes 3 de junio porque militares cerraron el local donde trabajaría, con el argumento de que realizaban un operativo de seguridad. Compartió su molestia entre conocidos en su estado de WhatsApp.

"Ahora resulta que ni los negocios pueden trabajar en paz porque llega la guardia a jod*** la vida a todo el mundo", fue su primer mensaje. Minutos después, publicó otros, en los que incluyó la captura de pantalla de uno de sus contactos donde estaba escrito un insulto contra la Guardia Nacional.

Al día siguiente, uniformados lo arrestaron en su vivienda, en el estado oriental de Anzoátegui. Su acta de detención precisó que se le acusaba de "instigación al odio" por haber divulgado "vilipendios y maldiciones" contra las instituciones.

Ya cumple 21 días detenido. Hoy, aguarda en una celda por su audiencia preliminar, que forma parte de un proceso penal en su contra fundamentado en una normativa polémica que el chavismo impulsó hace cinco años.

Una espada de Damocles pende sobre todos los venezolanos que opinan en sus redes sociales o hasta en sus círculos íntimos de mensajería directa: es la Ley Constitucional Contra el Odio, Por la Convivencia Pacífica y la Tolerancia, aprobada en 2017 por la oficialista Asamblea Nacional Constituyente.

Ese mamotreto creado inconstitucionalmente por la narcodictadura no tenía facultades para legislar y, en consecuencia, todas las leyes dictadas por el mismo son írritas.

Cinco días antes TalCual había reportado al efecto:

-La compañía española Telefónica, en su informe de transparencia, reveló que la administración de Nicolás Maduro ha multiplicado por cuatro las peticiones para "pinchar" o intervenir teléfonos de los venezolanos que residen en Venezuela, pasando de 234.932 solicitudes en 2017 a 861.004 para 2021.

Luego apuntó:

-Según el portal Vozpópuli, Telefónica está obligada a cumplir por ley con las disposiciones que exige el Estado en materia de telecomunicaciones. En ese sentido, refirió que el Servicio Bolivariano de Inteligencia Nacional (SEBIN) y el Ministerio Público están entre los organismos gubernamentales que piden ejercer esta medida, al parecer después de pedir una orden a los tribunales.

Estas solicitudes, de acuerdo con una infografía publicada por el citado medio español, refiere que desde 2016 hasta 2021 se han intervenido 1.584.547 líneas telefónicas, siendo el 2021 con el registro de una mayor cantidad de este tipo de acciones. Incluso, desde 2018 se evidencia una tendencia alcista en los accesos afectados de los clientes.

TalCual igualmente recordó que el 14 de junio, el presidente-editor del diario El Nacional, Miguel Henrique Otero (MHO), denunció que la empresa de telefonía móvil Movistar, filial de Telefónica, está violando la libertad de expresión porque mantiene bloqueados varios portales informativos sin que haya un respaldo jurídico de esa decisión.

-Está haciendo -explicó- una operación de bloqueo que no tiene ningún respaldo jurídico y que está violentando la libertad de expresión, que es un derecho humano básico que deben cumplir todas las empresas europeas

Por su parte, el director de El Pitazo, César Bátiz, dijo en ese artículo del diario El Nacional que Movistar de Telefónica de España responden a una exigencia de la Comisión Nacional de Telecomunicaciones de Venezuela.

-Hay que decirlo con todas las letras: señores de Telefónica de España y de Digitel, ustedes están siendo copartícipes de la censura. Por más que digan que ellos no quieren cerrar la empresa y que se pierdan tantos negocios en Venezuela, están siendo copartícipes de la censura. Una empresa trasnacional como Telefónica de España debería rendir honor a su código empresarial y al país del cual es origen, con una democracia imperfecta, pero democracia al fin, donde la libertad de expresión se respeta. Pero en Venezuela se rinden a los pies de la hegemonía comunicacional al hacerse copartícipes de la censura a través del bloqueo de los medios", manifestó.

La narcodictadura tiene un Ministerio Judicial que salta las prescripciones constitucionales para dar viso de legalidad a todas sus arbitrariedades.

Detenciones al estilo cubano

Es normal en la dictadura cubana que cuando los cuerpos represivos no encuentran en el hogar a la persona a quien privarán de su libertad se lleven en su lugar a algún familiar inocente para obligarla a entregarse, lo cual es una aberración criminal.

Esta aberración se repite en Venezuela, por obra y gracia del dictador teniente coronel (retirado) Hugo Chávez, del narcodictador Nicolás Maduro y el ministro de la Defensa Vladimir Padrino López, convertida en provincia cubana, cual en los tiempos del dominio colonial español.

Los ejemplos abundan, pero para muestra, como dice la sabiduría popular, basta un solo botón, el del abogado Carlos Eduardo Garrido Bustamante, quien escapó bajo la custodia de la siniestra Dirección General de Contrainteligencia Militar del hospital castrense en Caracas y, al no recapturarlo en las viviendas allanadas sin orden judicial, procedieron a llevarse detenidos arbitrariamente a su primo Jorge Pérez Bustamante, junto a su esposa y dos hijos menores de edad, además de llevarse computadoras y celulares.

Se llevaron sin orden de detención a su primo Jorge Pérez Bustamante, junto a su esposa y dos hijos menores de edad, además de llevarse computadoras y celulares.

Sobre ese hecho, el 24 de junio de 2022, TalCual señaló que, en una carta fechada en abril de ese año, dirigida al Grupo de trabajo sobre detenciones arbitrarias de la ONU, el abogado aseguró que para el momento en el que recibieron la misiva ya había logrado librarse del cerco de la DGCIM mientras estaba recluido en el Hospital Militar

-El abogado Carlos Eduardo Garrido Bustamante, -indicó luego- quien había sido detenido de manera arbitraria el 28 de julio de 2021 por funcionarios de la División de Contrainteligencia Militar (DGCIM), por presuntamente haber falsificado documentos y por el delito de asociación para delinquir, se escapó de la custodia de este cuerpo de seguridad mientras permanecía en las instalaciones del Hospital Militar Carlos Arvelo, según información extraoficial publicada por el periodista Nelson Bocaranda y la abogada Tamara Suju, ambos en sus cuentas de Twitter.

Luego apuntó:

-Aún se desconoce la fecha precisa del escape de Garrido, pero tanto Bocaranda como Suju publican una carta fechada el 23 de abril de 2022, firmada y con las huellas dactilares que se presumen son de Garrido, que está dirigida al Grupo de Trabajo sobre detenciones arbitrarias de la Organización de Naciones Unidas (ONU) en la cual el abogado afirma que pudo librarse del cerco militar y que "para la fecha en la que ustedes reciban esta comunicación", dice el documento, asegura que ya habría logrado escapar.

Después explicó:

-Para el momento en el que está fechada la carta, Garrido tenía ocho meses detenido arbitrariamente, ya que, desde el 25 de agosto de 2021, el tribunal 31 de primera instancia del Área Metropolitana de Caracas, había emitido la boleta de excarcelación que fue ignorada por el director de la DGCIM, además de dos órdenes judiciales más que indicaban su liberación.

Familiares del abogado denuncian que, durante la madrugada de este viernes 24 de junio, funcionarios de la DGCIM allanaron las viviendas de personas cercanas al entorno de Garrido y se llevaron sin orden de detención a su primo Jorge Pérez Bustamante, junto a su esposa y dos hijos menores de edad, además de llevarse computadoras y celulares.

Hasta el momento, la familia sigue sin tener información alguna sobre el paradero de Pérez Bustamante, quien es médico oftalmólogo y tampoco se sabe dónde están su esposa e hijos, quienes son ciudadanos españoles.

El 4 de julio de 2022 el portal La Patilla se refirió a este caso en los siguientes términos:

-El escape de Carlos Garrido parece sacado de una serie de televisión. Tras ocho meses de detención arbitraria, el abogado penalista logró huir del régimen de Venezuela. Planeó su fuga en diciembre del año pasado, cuando tuvo que ser internado en el hospital militar por cuenta de una caída de su litera en la celda. Carlos, aprovechando su estadía en dicho hospital rodeado por militares, logró idear como irse.

Esperó pacientemente varios meses y en un regreso al centro médico, el pasado 24 de junio, finalmente se fue. No sin antes escribir una carta a las Naciones Unidas. "Exponiendo mi vida logré escapar del cerco militar que el gobierno puso alrededor mío. Debo encontrarme a la fecha que ustedes reciben esta misiva sin comunicación alguna con personas que pueda estar relacionado; para evitar ser extorsionado mediante cualquier clase de torturas que pudieran practicarse en contra de mis allegados", dijo.

Luego precisó:

-La historia de la detención de Garrido había conmovido a sus amigos y a decenas de periodistas y defensores de derechos humanos en Venezuela. Carlos había sido también detenido en una operación como de Hollywood.

Más de 50 funcionarios se prestaron a capturar a un solo civil, desarmado.

Según su defensa, fue aprehendido ilegal y arbitrariamente (sin orden de captura o delito flagrante). Los hechos sucedieron el 28 de julio de 2021, por funcionarios de la Dirección General de Contra Inteligencia Militar (DGCIM), el organismo de contrainteligencia militar en Venezuela. Dichos funcionarios colocaron un retén a 500 metros.

Al abogado lo sacaron de su casa, donde vivían su bebé recién nacido y un pequeño de un año. Y se lo llevaron sin mediar palabras a la sede de este cuerpo militar en Boleíta (Caracas, Venezuela). Allí, sus verdugos tomaron su celular para contactar familiares, amigos y clientes con el fin de extorsionarlos. Se quedaron con su carro, que nunca devolvieron a la familia.

En el proceso penal le imputaron los delitos de documento falso, falsificación de documento público y asociación para delinquir, por una cédula de alguien totalmente desconocida para él que sin motivo alguno "apareció" en su vehículo. Su defensa asegura que la prueba fue sembrada.

Los meses que estuvo preso, Carlos estuvo en la denominada "Casa de los Sueños", que prácticamente es un pasillo dentro de un sótano que se llena con monóxido de carbono de los vehículos del DGCIM.

DETENCIONES AL ESTILO CUBANO

Caracas, 23 de abril de 2022
Hospital Militar Carlos Arvelo

Grupo de Trabajo sobre detenciones Arbitrales de la Organización de Naciones Unidas.

Quien suscribe, Carlos Eduardo Garrido Bustamante, venezolano portador de la cédula de identidad v-_____, acudo ante Uds luego de 8 meses secuestrado por funcionarios del gobierno venezolano, y sin haber sido visitado por funcionario alguno de la ONU, lamentando profundamente que los esfuerzos realizados por lograr mi liberación ante hechos tan absurdos como los que me tuvieron en cautiverio hubieran sido estériles.

Exponiendo mi vida logré escapar del cerco militar que el gobierno venezolano puso alrededor mío; debo encontrarme a la fecha en que Uds reciban esta misiva sin comunicación alguna con personas que pueda estar relacionado, para evitar ser extorsionado mediante cualquier clase de torturas que pudieran practicarse en contra de mis allegados, como en otros casos ha ocurrido.

El fin de esta comunicación es que hagan seguimiento de mi caso y de las posibles represalias que puedan existir por liberarme de mi ilegítimo cautiverio, en especial por cualquier persona relacionada a mi círculo familiar o de amistades; sobre todo al custodio que participó en mi proceso de salida del hospital militar en el cual me encontraba secuestrado.

Aprovecho estas líneas para rogarles sean verdaderamente efectivos en situaciones como la mía, ya que ocurren muchísimas en el país y lamentablemente únicamente contamos con el apoyo y los buenos oficios de la comunidad internacional ante las violaciones sistemáticas de Derechos Humanos, ya que en Venezuela no queda vestigio alguno de humanidad en las personas que detentan poder.

Esperando poder estar en contacto con Uds, para apoyarlos de cualquier forma en que acabe la violación de Derechos Humanos en Venezuela, me despido.

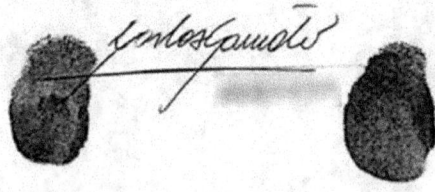

Los peligros de ser Líder Sindical

En el régimen del autodenominado presidente obrero Nicolás Maduro ser líder sindical es tan peligroso como dirigir una ONG de defensa de los derechos humanos o ejercer el periodismo pues ambas actividades, al no plegarse sus actores a las directrices de la narcodictadura, corren el riesgo de perder la vida, ser detenidos arbitrariamente con la anuencia de la Fiscalía General de la República y la Defensoría del Pueblo y sometidos a torturas y otros tratos crueles en las mazmorras de la Dirección General de Contrainteligencia Militar, del Cuerpo de Investigaciones Científicas,

Penales y Criminalísticas o del Servicio Bolivariano de Inteligencia Militar, sin derecho a asistencia médica, alimentación, defensa privada, etc. O sencillamente ser objetos de desaparición forzosa.

El 13 de julio de 2022 TalCual reportó:

-La violencia que se sigue en Venezuela en contra de los líderes sindicales representa un retroceso en contra de la clase obrera, así lo considera la coalición regional Observatorio para la Defensa de la Vida (ODEVIDA).

Entre el 2015 y el 2020, ODEVIDA registró un total de 82 casos de violencia en contra de personas defensoras de los derechos laborales y líderes sindicales, distribuidos así: 44 casos de asesinatos, lo que representa un (53,66%), uno de estos estaría presuntamente vinculado con el accionar del Cuerpo de Investigaciones Científicas, Penales y Criminalísticas (CICPC); 28 casos de detenciones arbitrarias, equivalente a un (34,15%); Cinco casos de amenazas o intimidaciones (6,10%).

Cuatro casos de intentos de asesinatos, equivalente a un (4,88%) y un caso de malos tratos (1.22%)

La fuente subrayó:

-De los 82 casos cuatro fueron en contra de las mujeres.

Durante la presentación del boletín "Violencia contra líderes sindicales: el retroceso de la clase obrera en Venezuela", sobre la situación de personas defensoras de derechos laborales y sindicales en el país en el marco del contexto reciente, se indicó que la investigación fue construida con base en la revisión y análisis de diversas fuentes de información provenientes de investigaciones publicadas en los Informes Anuales 2015-2020 del Programa Venezolano de Educación En Derechos Humanos (PROVEA) y de Informes del Observatorio Venezolano de Conflictividad Social (OVCS) 2015-2020; así como entrevistas a dirigentes sindicales y activistas de DDHH, quienes aportaron su visión sobre la situación que afecta a los sujetos sociales que luchan en favor de la libertad sindical en el país.

Luego detalló:

-De los 82 casos de defensores de derechos laborales 23 (28,05%) de las víctimas pertenecían al sindicato de la construcción, 21 (25,61%) a sindicatos de las empresas básicas estatales del estado Bolívar; 11 (13,41%) a centrales sindicales, seis (7,32%) a sindicatos de la administración pública, 4,88% a sindicatos de la industria petrolera, cuatro a sindicatos de empresas eléctricas y 8,54% no se conoce información.

Después precisó que tales actos de violencia han tenido mayor impacto en los estados Bolívar, Anzoátegui, La Guaira y Carabobo.

-La mayor parte de la violencia sindical –afirmó- se observa en sectores productivos donde concurren dos factores, por un lado, una situación de paralelismo sindical y por el otro, el sindicato tiene un papel relevante en el ingreso o contratación de trabajadores, ambos fenómenos han venido mostrando su mayor evidencia en el sector de la construcción.

ODEVIDA señala que ese fenómeno se ha extendido a otros sindicatos, como los de empleados públicos, del sector salud, de las empresas eléctricas del hierro y aluminio; extendiéndose a por lo menos 14 estados del país.

Posteriormente apuntó:

-En una entrevista realizada por ODEVIDA a varios dirigentes sindicales señalan que, luego del 2003 con el fracaso del llamado "pero petrolero" realizado como protesta contra el gobierno de Hugo Chávez, el gobierno con la anuencia del Ministerio del Trabajo multiplicó la creación de sindicatos paralelos, con el objetivo de eliminar o neutralizar el accionar de aquellos que simpatizaban con los partidos opositores al Gobierno.

Ante este escenario ODEVIDA pudo constatar que el Estado es responsable de implementar una política antisindical mediante la acción coordinada del Ejecutivo Nacional, el poder judicial y el Ministerio Público, con la participación de la Defensoría del Pueblo.

Entre el 2015 y el 2020 ODEVIDA registró un total de 82 casos de defensores de los derechos laborales que han sido víctimas de violencia y la represión. De los 44 defensores o líderes asesinados, 43 han sido asesinados por sicarios vinculados a organizaciones de este sector y solo uno se atribuye a ejecución extrajudicial, atribuible a un organismo policial.

Asimismo, consideran que la impunidad es la constante en prácticamente todos los casos de asesinatos y detenciones arbitrarias que hemos documentado. El Estado sigue ausente a la hora de investigar y sancionar estos hechos.

El 14 de julio de 2022 Costa del Sol, con información de Enrique Suárez de El Impulso, de Barquisimeto, reseñó:

El dirigente nacional de La Causa R, Andrés Velásquez, acusó al régimen venezolano de "incrementar la represión" en contra de activistas sindicales y defensores de derechos humanos en el país.

-La dictadura –aseguró- incrementa la represión contra activistas sindicales y contra defensores de derechos humanos. En Venezuela no existe libertad sindical ni se respetan derechos humanos", expresó Velásquez por medio de su cuenta en Twitter.

"Esto es dictadura. En Venezuela no hay justicia", agregó el dirigente político.

La fuente observó luego:

-El pronunciamiento de Velásquez surge luego de que más de 100 sindicatos y organizaciones de la sociedad civil exigieran la liberación de los sindicalistas y trabajadores humanitarios detenidos en días recientes en Venezuela.

Mediante un comunicado, las organizaciones miembros de la Alianza para la Defensa de los DDHH laborales en Venezuela, condenaron las detenciones arbitrarias ejecutadas en contra de Alcides Bracho, Alonso Meléndez, Emilio Negrín, Gabriel Blanco, Reynaldo Cortés, Néstor Astudillo y Yeny Pérez.

El comunicado señaló que en Venezuela se han documentado "innumerables casos de violaciones a los derechos laborales" como despidos injustificados, detenciones arbitrarias, retenciones indebidas de salarios, prohibición de ingreso a las entidades de trabajo, lo que se traduce en una política gubernamental aplicada para neutralizar a la disidencia.

El 19 de julio de 2022, El Carabobeño, con información de EFE, reportó:

-Grupos de derechos humanos y más de 40 organizaciones de la sociedad civil solicitaron este martes al defensor del pueblo, Alfredo Ruiz, intervenir y revisar las causas judiciales de los seis dirigentes sindicales detenidos durante los primeros días de julio.

A partir de la designación de Germán Mundaraín este cargo pasó a llamarse popularmente el defensor del cargo ya que entonces, y ahora, no ha cumplido sus funciones como integrante del Poder Moral, sino que ha estado al servicio, primero del dictador teniente coronel (retirado) Hugo Chávez, y después, de la narcodictadura de Nicolás Maduro. De Mundadaraín es la deleznable frase "En Venezuela no hay presos políticos sino políticos presos".

El grupo protestó ante la sede de la Defensoría del Pueblo, en Caracas, y entregó una carta dirigida a Ruiz en la que le solicitan una "actuación decisiva" de su despacho para "constatar, de primera mano, tanto la insustancialidad de las imputaciones, como las graves violaciones a los derechos humanos contra ellos cometidas".

En el documento, rechazan las detenciones arbitrarias de Alcides Bracho, Alonso Meléndez, Emilio Negrín, Gabriel Blanco, Reynaldo Cortés y Néstor Astudillo, a quienes identifican como "activistas sociales vinculados a las luchas sindicales" que han encabezado protestas en contra del instructivo de la Oficina Nacional de Presupuesto (ONAPRE) "que afecta las contrataciones colectivas".

La Defensoría del Pueblo según la Constitución tiene como finalidad la promoción, vigilancia y defensa de los derechos humanos en el país. En consecuencia, Alfredo Ruiz es corresponsable por omisión de las agresiones, presidio, torturas y muerte de quienes se han opuesto a la narcodictadura.

Luego apuntó:
-Estas detenciones son una clara retaliación contra estos ciudadanos debido a su actividad de defensa de los derechos laborales. Ello constituye una severa amenaza para el ejercicio de los derechos a la libertad sindical, la libre expresión y el derecho a la reunión y asociación pacíficas", subrayó el conglomerado.

Ante ello, los firmantes del documento insistieron en que el defensor del pueblo debe ofrecer un "pronunciamiento público" que genere "alivio" para el sector que defiende los derechos humanos y que "se siente indefenso y sin protección por parte del Estado venezolano", siempre según la misiva.

Asimismo, citó:
-El pasado 11 de julio, Foro Penal y otras 107 ONG y sindicatos condenaron, a través de un comunicado, las detenciones "arbitrarias" de estos dirigentes sindicales.

Además, exigieron su liberación "plena e inmediata" y el cese de "toda forma de hostigamiento y persecución en contra de los trabajadores, líderes sindicales, defensores de DD.HH." de la organización política Bandera Roja o "cualquier otra agrupación política opositora".

La denuncia de Amnistía Internacional

El 24 de junio de 2022, el portal El Pitazo, con información de la agencia de noticias EFE, reportó:

LA DENUNCIA DE AMNISTÍA INTERNACIONAL

-Amnistía Internacional (AI) afirmó este viernes 24 de junio en un informe que en Venezuela se mantiene la impunidad en casos de violaciones de derechos humanos al tiempo que señalaron conocer de nuevos casos de presuntas ejecuciones extrajudiciales, detenciones arbitrarias y tortura.

"La impunidad por violaciones de derechos humanos continuó siendo la norma", apostilló la organización en el informe "Dossier Tortura 2022", con motivo del Día Internacional en Apoyo a las Víctimas de la Tortura que se celebra este domingo 26 de junio.

Asimismo, indicó que continuó la "política de represión aplicada por el Gobierno de Nicolás Maduro".

Igualmente destacó que se conocieron nuevos casos de ejecuciones extrajudiciales, uso excesivo de la fuerza, detenciones arbitrarias y tortura y malos tratos contra personas a las que se consideraba críticas con el Gobierno.

También recordó que se abrió una nueva investigación sobre la desaparición forzada, detención arbitraria, tortura y muerte del capitán Rafael Acosta Arévalo, ocurrida en 2019, "pero sin incluir la responsabilidad de la cadena de mando".

Por otro lado, Amnistía Internacional citó un reporte de la Misión de la ONU de Determinación de los Hechos sobre el país caribeño de septiembre de 2021 que reveló que era "habitual" que las autoridades no investigaran las denuncias de tortura.

-En 67 de los 183 casos que documentaba, -recordó- las personas presas habían comparecido ante el tribunal con señales visibles de malos tratos. En algunos casos, las denuncias de tortura no figuraban en las actas judiciales, en otros se ordenaba al Ministerio Público (Fiscalía) abrir una investigación formal", recordó la organización.

De igual modo indicó que la ONG venezolana Foro Penal registró, entre enero de 2020 y octubre de 2021, 481 personas detenidas de manera "arbitraria", de las cuales, además, 95 fueron torturadas, informó el pasado 21 de junio la entidad.

-La organización, -acotó- presentó un informe junto al Centro de Justicia y Derechos Humanos Robert F. Kennedy titulado "La Justicia penal como herramienta de represión política en Venezuela", señaló que 93 casos de tortura se registraron en 2020 y dos en 2021.

Entre esos casos, la Dirección General de Contrainteligencia Militar (DGCIM) lideró el número de reportes en contra, representado 29 de 95 (30,53 %) del total de denuncias de tortura", explicó, y agregó que los casos de tortura se dan, mayormente, cuando la detención ocurre en el marco de protestas (38 casos), seguida por la conspiración (23 casos) y la rebelión militar (17 casos).

La policía de Aragua reprimió a manifestantes

El jueves 20 de marzo de 2014 la periodista Érika Guillén, de El Nacional, reportó:

-Maracay. - Con el uso de gases lacrimógenos, funcionarios de la Policía de Aragua dispersan desde las 6:00 de la tarde de este miércoles a manifestantes que se encontraban en los alrededores del Parque de Feria San Jacinto, mostrando su descontento con el inicio de las festividades por el día de

San José, patrono de Maracay.

Y añadió:

-A través de la red social Twitter usuarios aseguran que unos 20 estudiantes que participaban en la protesta han sido retenidos, entre ellos el hijo del general Raúl Isaías Baduel, Raúl Emilio Baduel. Vecinos de la zona sostuvieron que se trataba de una manifestación pacífica.

Asimismo, se señala que hay tensión en los alrededores del parque ferial. Mientras que personas que están dentro de las instalaciones aseguran que hay música a todo volumen.

Al final indicó:

-Para hoy están previstas varias actividades culturales y recreativas, así como una ronda de conciertos. Los manifestantes rechazan las ferias, pues señalan que Venezuela está de luto. Mostraban su descontento bajo la consigna "Cero ferias, no hay nada que celebrar".

Atacada asamblea de estudiantes en la facultad de arquitectura de la UCV

El miércoles 19 de marzo de 2014 el diario El Universal reportó:
 -Caracas. - Grupos violentos presuntamente identificados con el oficialismo acabaron una asamblea de estudiantes que se desarrollaba en la facultad de Arquitectura y Urbanismo de la Universidad Central de Venezuela (UCV).

Según testigos de lo ocurrido, pasadas las 5:00 pm se estaba discutiendo la conformación de dos grupos de trabajo para analizar opciones respecto a la suspensión de actividades que se cumple en la institución desde el pasado mes de febrero, específicamente el 12, día en el que se dio la marcha que terminó en disturbios frente a la fiscalía general de la República.

La actividad se cumplió en el lobby de la facultad, integrando la mesa de diálogo, pero ingresaron varias personas, que se pensó en principio que eran estudiantes de otras escuelas y facultades.

Sin embargo, añadió, "Poco tiempo después llegaron los encapuchados, en varias motos y procedieron a robar a los asistentes. Quitaron celulares, camisas, y artículos personales", indicaron estudiantes al hacer la denuncia a El Universal.

Luego indicó:

-Consultados respecto a la actuación del cuerpo de seguridad de la propia UCV, los denunciantes indicaron que en los últimos incidentes no han hecho nada y "ahora menos, luego que entraran en una suerte de huelga en la que nadie vela por la seguridad".

Informaron los estudiantes que el Consejo Universitario ya había analizado mantener suspendido el Reglamento de Asistencia, a fin de que las clases irregulares y las inasistencias no se tradujeran en perjuicio de los alumnos.

El saldo de los actos violentos en la UCV hasta avanzadas las 11:00 pm indicaba que 10 estudiantes resultaron heridos, junto con un empleado de la casa de estudios. Se informó que sufrieron contusiones, fracturas y traumatismos.

Después apuntó:

-Cecilia García Arocha, rectora de la Universidad Central de Venezuela anunció la noche de este miércoles que luego de los hechos violentos que se produjeron en una asamblea de estudiantes, ocurridos en la Facultad de Arquitectura y Urbanismo, decidió suspender las actividades en la máxima casa de estudios.

A través de su cuenta en la red social Twitter, @GarciaArochaC, colocó el mensaje "En mi condición de Rectora cumpliendo con mis competencias establecidas en la ley con base al brutal ataque que recibieron los estudiantes de Arquitectura, quienes con todo derecho realizan una asamblea, procedo a suspender todas las actividades".

Sobre el mismo hecho, venezuelaawareness.com, con información de Globovisión, destacó:

-Estudiantes de la Facultad de Arquitectura de la Universidad Central de Venezuela (UCV) denunciaron la agresión a once estudiantes de esa casa de estudios, por grupos armados que ingresaron a la institución cuando realizaban una asamblea.

Adriana Flores, miembro del centro de estudiantes de la Facultad, detalló que un grupo de estudiantes de la Universidad simpatizantes al Gobierno irrumpió en la reunión. Describió que posteriormente subieron hasta el piso 8 y destruyeron murales realizados por el movimiento estudiantil.

Flores apuntó además que los sujetos agredieron a diversos estudiantes con tubos y "cachazos".

Asimismo, les robaron su ropa y otras pertenencias.

@UCVISTAS escribió: "Están quitando la palabra seguridad del mural... Delincuentes armados destrozan UCV Arquitectura y desvisten estudiantes"

...

El portal publicó fotografías muy fuertes de estudiantes heridos en la cabeza y otras partes del cuerpo y estudiantes en ropa interior.

Igualmente, el Diario República, de Maracaibo, reportó estos hechos violentos en los siguientes términos:

-La tarde de este miércoles se reportó una situación irregular con grupos armados que ingresaron a las instalaciones de la Facultad de Arquitectura y Urbanismo de la Universidad Central de Venezuela y que dejó un saldo de 11 estudiantes heridos.

Estrella Medina y Enver Conde, representantes estudiantiles de la Facultad de Arquitectura de la Universidad Central de Venezuela (UCV), confirmaron que hay 11 heridos por un ataque de un grupo de 30 encapuchados, que ingresó a la casa de estudios para agredir a los jóvenes que realizaban una asamblea.

Los violentos portaban objetos contundentes con los golpearon a los estudiantes. También los robaron y quitaron ropa. La situación fue reportada a las 5:30 pm y duró como 45 minutos.

La fuente periodística agregó:

-Seis de los lesionados fueron atendidos en el hospital Clínico Universitario y cinco en el centro asistencial privado Las Ciencias. Todos presentaron heridas en rostros y espaldas. Están siendo evaluados por los médicos de guardia.

La rectora de la UCV Cecilia García Arocha, en un comunicado, informó que ante la violencia de lo ocurrido quedan suspendidas las clases de forma temporal.

Entre los heridos han sido identificados cinco. Ellos son Carlos Benedito (21), Aron Salazar (21) Oscar Andrade (21), Jhonny Medrano (21) y Robert Martinez (19).

Gustavo Izaguirre, director de la Escuela de Arquitectura de la Universidad Central de Venezuela, confirmó este miércoles el ataque del que fueron víctimas estudiantes de la facultad cuando realzaban una asamblea para decidir la reprogramación de las clases.

Cuando ya estaba a punto de terminar la reunión, que se desarrolló entre estudiantes de diferentes tendencias, con respeto y en medio de un clima de paz, llegó un grupo de personas que se identificaron como "estudiantes de Trabajo Social, revolucionarios y con Maduro". De inmediato subieron hasta el último piso para retirar los carteles que habían colocado los estudiantes para condenar la violencia y una tela negra que colgaba del edificio.

Después señaló:

-Luego se incorporó otro grupo que llegó en motos y con armas visibles en sus manos. Lanzaron bombas lacrimógenas e hirieron con palos y puños a los estudiantes de Arquitectura que intentaban marcharse del sitio.

"Esto es inaceptable. Yo tengo 30 años en esta facultad, primero como estudiante, luego como profesor y ahora como director y esto nunca había pasado", dijo Izaguirre.

Al final apuntó:

-Según se pudo conocer, un grupo de 30 a 40 encapuchados les robaron celulares, golpearon y les obligaron a quitarse la ropa y a correr y mostraron armas de fuego, pero no las accionaron.

La Barbarie Represiva en imágenes

Según Wikipedia, la enciclopedia libre, se atribuye al dramaturgo y poeta noruego Henrik Ibsen haber expresado que "Mil palabras no dejan la misma impresión profunda que una sola acción". Pero "Después de su muerte en 1906, esta cita fue plagiada y parafraseada en lo que sabemos ahora".

Sin embargo, sigue diciendo Wikipedia, la enciclopedia libre el uso moderno de la frase generalmente se atribuye a Fred R. Barnard, quien la escribió en la revista comercial de publicidad Printers 'Ink, Señaló también que la frase "Una imagen vale diez mil palabras", está etiquetada como un proverbio chino.

De igual modo expresa que El libro casero de Proverbios, máximas y frases familiares de 1949 cita a Barnard diciendo que lo llamó "un proverbio chino, para que la gente lo tome en serio" No obstante, el proverbio poco después se atribuyó popularmente a Confucio.

Caricatura de Trazo Cristiano

LA BARBARIE REPRESIVA EN IMÁGENES

Caricatura de Abilio

LA BARBARIE REPRESIVA DE LA NARCODICTADURA DE NICOLÁS MADURO

Caricatura de Zapata

LA BARBARIE REPRESIVA EN IMÁGENES

LA BARBARIE REPRESIVA DE LA NARCODICTADURA DE NICOLÁS MADURO

La represión revolucionaria

Con el título de este capítulo denominó Esperanza Hermida la nueva fase de la represión gubernamental que se desató en Venezuela durante 2022.

Lo hizo en TalCual el 15 de julio de ese año.

-Se trata –explicó- de una persecución selectiva que ataca en dos direcciones claras: de un lado, liderazgos sindicales, sociales y personas defensoras de derechos humanos, a quienes califica de colaboración con la derecha imperialista; de otra parte, algunas facciones del PSUV y militares de diverso grado, admitiendo ahora su grosera corrupción o acusándoles de contra revolucionarios.

Luego indicó:

-Con los cuerpos de seguridad del estado y los tribunales penales como principales ejecutores de la escalada represiva, el gobierno pretende, infructuosamente, objetivos muy difíciles, por no decir imposibles. Agotado y desgastado el discurso del bloqueo imperialista, de los atentados presuntos a miembros del alto gobierno, de los supuestos saboteos al suministro de servicios vitales como agua y electricidad, así como el de las erráticas y aisladas aventuras inconstitucionales de sectores opositores, todas fracasadas –por el bienestar de la patria-, el gobierno retoma el guion de intentar acallar la protesta popular sin resolver sus causas.

Asimismo, apuntó:

-Además, en una presentación un tanto barroca hecha por el fiscal general de la República, ese mismo gobierno pretende erigirse en referente moral, mostrándose como quien extirpa algunas muestras visibles del cáncer de corrupción que lo corroe, a nivel nacional e internacional.

Como la punta del iceberg se ha calificado el caso de Carlos Lanz, pero en realidad hay muchos asesinatos y encarcelamientos impunes, todos graves y dolorosos, que han destruido no sólo la vida física de las víctimas directas, sino sus entornos familiares y amistosos, incluyendo sus respectivos proyectos de vida.

Se trata de casos como el de Rodney Álvarez, Danilo Anderson, Sabino Romero, Fernando Albán, Juan Requesens, Rubén González, entre miles de personas criminalizadas y perseguidas por pensar diferente, por manifestar su disidencia, por defender derechos humanos. Olas represivas masivas en diversas coyunturas.

Seguidamente señaló:

-La persecución a Marino Alvarado de Provea y a los miembros de diferentes organizaciones de promoción y defensa de los derechos humanos, utilizando el manido expediente de la "difamación", para transformar en delito la actividad de denuncia de violación de las normas internacionales que según la constitución bolivariana están por encima, incluso, de las nacionales, siempre y cuando se trate de derechos humanos, no es otra cosa que criminalizar la lucha. El encarcelamiento de varios defensores, la descalificación de su labor y la vigilancia policial y de inteligencia militar que se realiza sobre sus actuaciones diarias, no es otra cosa que hostigamiento.

La reciente detención de militantes de Bandera Roja, entre ellos, dirigentes sociales, defensores de derechos humanos y un representante sindical del gremio judicial, desempolva viejos miedos de la época de Luis Herrera Campíns. Como si Cantaura, Yumare o El Amparo reaparecieran en las pesadillas del alto gobierno, esta vez sintiéndose perseguidos por sus fobias, demuestra el pánico que cunde en las esferas del poder ante la posibilidad de que efectivamente no sea posible seguir desechando la protesta popular, seguir negándola o minimizándola.

Posteriormente aseveró:

-Tal vez ante la posibilidad de próximos comicios, el gobierno desee fidelidad absoluta entre sus filas y ninguna esperanza en el sector opositor, sea de derecha, de izquierda o del centro. No es más que miedo lo que se esconde detrás de estas escaladas represivas.

Para guinda, un calificativo extraño para quienes desconocen la historia se ha colado en la caracterización de una persona aparentemente vinculada con el sonado caso de Carlos Lanz. El calificativo de trotskista. ¿Qué miedo se esconde detrás de esa develación acerca de Tito Viloria? Viloria, por cierto, hace muchísimo tiempo que no era ya ni dirigente sindical, ni se asumía como trotskista, sino que, muy por el contrario, abrazaba públicamente su militancia en el PSUV y tenía un puesto de trabajo de alto rango en la administración pública.

Puesto que además es pagado por el presupuesto nacional y al que se accede mediante designación debidamente publicada en la Gaceta Oficial... Con lo cual, no es fácil digerir que se trate de algún gazapo ideológico, colado entre las filas gubernamentales, considerando que por lo menos en los últimos 20 años, Viloria estuvo casado con el chavismo y ahora con el madurismo.

Finalizó Esperanza Hermida su esclarecedor artículo asegurando:

-Esa represión "revolucionaria", al estilo de Stalin, se llevó por los cachos a más de un bolchevique. En el caso de Mao y su banda de los 4, acabó con las esperanzas revolucionarias en China. Ni hablar de las purgas en Cuba y más recientemente, en Nicaragua. Esa represión es la misma en todas partes y tiene su origen en el miedo, la corrupción y el falso socialismo.

Precisamente la narcodictadura de Nicolás Maduro se sustenta en la utilización de los cuerpos de extermino y los círculos del terror para sembrar el miedo y el terror entre la cada vez más creciente oposición y desanimarla de participar en manifestaciones contra el hambre, la violación de los derechos humanos y de organización en sindicatos partidos, ONG, el matraqueo en las alcabalas, la corrupción, la miserización de los sueldos salarios, pensiones y jubilaciones, etc.

Detención de estudiantes en Lagunillas

El jueves 20 de marzo de 2014 Sailu Urribarri Núñez, de El Universal, reportó:

-Ciudad Ojeda. - 12 mujeres y 32 hombres fueron detenidos por funcionarios de la Policía Municipal de Lagunillas, (Estado Zulia) durante las protestas desarrolladas por estudiantes y sociedad civil la tarde de este miércoles.

Las detenciones se produjeron luego que los manifestantes se movilizaban por distintos puntos de la ciudad, provocando trancas momentáneas en el casco comercial de Ciudad Ojeda.

La reseña añadió:

-Este martes los estudiantes retomaron la jornada de protestas cerrando un tramo de la avenida Vargas de Ciudad Ojeda, punto desde donde se movilizaron a los pocos minutos para trancar parte de la avenida Bolívar. La policía municipal de Lagunillas –IMPOL- se desplegó por la ciudad y tras menos de una hora de protesta procedió a las detenciones.

Los detenidos fueron llevados primeramente al comando de la GN en Lagunillas y posteriormente trasladados en tanquetas hasta la sede del Destacamento 33 de la GN en Cabimas.

Luego indicó:

-Stefano Soler, estudiante de la Universidad Rafael Belloso Chacín (URBE), denunció que las detenciones se produjeron en medio de protestas pacíficas y que además a los jóvenes se les acusaba de intentar utilizar molotov "pero ninguno tena nada de eso, estábamos protestando pacíficamente" dijo.

¿Qué se espera de la Corte Penal Internacional?

El jueves 20 de marzo de 2014 Juan Carlos Vargas dio a la publicidad en El Universal el artículo "Maduro y la Corte Penal Internacional", donde al inicio señaló:

-La crueldad de las violaciones a los derechos humanos cometidas para reprimir estudiantes que han venido manifestando a lo largo y ancho del país, inicialmente contra la inseguridad que aqueja a Venezuela y posteriormente contra las políticas de Maduro, manifestaciones éstas a las que se han venido sumando de manera progresiva distintos sectores de la población, ha traído como consecuencia que cada día se planteen con mayor frecuencia las siguientes interrogantes: ¿Podría la Corte Penal Internacional (CPI) juzgar al régimen de Maduro por la comisión de crímenes de lesa humanidad? y ¿Cuáles serían los propósitos de esa denuncia?

Luego respondió a las interrogantes:

-La respuesta a la primera interrogante es afirmativa, debido a que el Estado venezolano está sometido a la jurisdicción de la CPI por haberse obligado a cumplir el Estatuto de Roma de la Corte Penal Internacional, al ratificarlo en fecha 07 de junio de 2000. Asimismo, existen elementos para denunciar ante dicho tribunal internacional a Maduro y cada uno de los funcionarios del régimen, sobre quienes existen denuncias, videos, fotografías, audios, entre otros medios, que son posibles utilizar como pruebas para procurar demostrar quiénes son autores intelectuales, instigadores, autores materiales, y cómplices por acción u omisión, especialmente de asesinatos, encarcelación en violación de normas fundamentales de derecho internacional, tortura, persecución de un grupo y otros actos inhumanos, delitos estos que están tipificados en los literales a, e, f, h y k del artículo 7.1 del Estatuto de Roma. Estas violaciones al Derecho Penal Internacional serían consecuencia de atacar desde el 05 de febrero de 2014, de manera constante y desproporcionada a integrantes de una población civil que solo ha pretendido ejercer su derecho a la protesta y expresarse libremente. Además de los funcionarios del régimen deben ser denunciados por las razones que expusimos en el artículo de opinión "Lesa Humanidad en Venezuela", también publicado por este medio, los integrantes de los grupos paramilitares que hayan participado en la comisión de dichos delitos.

Con respecto a la segunda interrogante, el propósito principal de la denuncia sería establecer la responsabilidad penal individual de los funcionarios que hayan incurrido en estos crímenes, procurar obtener una justa indemnización para las víctimas y sus familiares a través del Fondo Fiduciario que ha establecido la Corte. Cabe destacar, que aunque el Estatuto de Roma contempla el carácter complementario de la CPI con respecto a los tribunales nacionales, está demostrado que en las actuales circunstancias el Poder Judicial y los demás órganos del sistema de justicia carecen de independencia para establecer las responsabilidades, esto viene a justificar el segundo propósito de la denuncia que es la necesidad de obtener justicia como requisito indispensable para llevar a cabo una transición democrática, debido a que la atrocidad de estos crímenes ante los cuales no cabe alegar obediencia debida, hace imperante que sean castigados para evitar la impunidad como requisito para evitar la repetición de los hechos.

El artículo concluyó así:

-Finalmente, es importante que la denuncia identifique de manera detallada y precisa a cada uno de los presuntos responsables y víctimas de los delitos, y se aporten los medios probatorios que permitan, por una parte, establecer las responsabilidades y por la otra, determinar que se perpetraron en medio de un ataque sistemático y generalizado contra una población civil.

Ni el fiscal de la Corte Penal Internacional, Karim Khan, ni la Alta Comisionada de la ONU, Michelle Bachelet, han logrado aminorar la letalidad de la narcodictadura de Nicolás Maduro, ahora desatada con más crueldad, contra indígenas, dirigentes sindicales, partidos políticos, ONG, etc.

Entre 400 y 500 Bombas Lacrimógenas por hora contra los Manifestantes

El sábado 5 de abril de 2014 la periodista Alicia de La Rosa, de El Universal, reportó:

-Caracas. - Entre 400 y 500 bombas lacrimógenas por hora lanza la Guardia Nacional (GNB) y la Policía Nacional Bolivariana (PNB) a las manifestaciones que se escenifican entre Chacao y Altamira, aseguró Alexandro Romanov, estudiante de la Universidad Santa María, quien está encargado de mostrar y explicar el tipo de arsenal que se recoge, luego que culminan las arremetidas.

Desde bombas lacrimógenas vencidas, perdigones de plástico y plomo (con prohibición de utilizarlos en manifestaciones) hasta cartuchos utilizados para la cacería de animales llamados "3 en boca", se exponen en el campamento -de 240 estudiantes en 120 carpas- que se encuentra apostado desde hace 12 días frente a la torre HP, donde está ubicada la sede de la Organización de Naciones Unidas, en los Palos Grandes.

Romanov añadió: -Todo lo que ustedes ven en esta acera, es lo que los funcionarios les han lanzado a los estudiantes que estamos manifestando de forma pacífica por la democracia y la libertad del país. Entre 400 y 500 bombas lacrimógenas es lanzado en una hora de represión de la Guardia Nacional.

Por su parte, la estudiante de Contaduría de la Universidad Central de Venezuela, Doris Albarrán, recordó que hace 12 días consignaron un documento a los representantes de la ONU, explicando las razones por las cuales se mantienen en protesta, pero no han recibido respuestas e informó que el próximo lunes solicitarán al Alto Comisionado de Derechos Humanos una reunión.

También se refirió a la visita que hizo la entonces diputada María Corina Machado la mañana de este sábado, solidarizándose con los manifestantes, a los que explicó que de la reunión que sostuvo con los senadores en Brasil, salieron respuestas positivas".

Y con respecto a las amenazas del Gobierno de arremeter contra el campamento, la joven estudiante de la UCV dijo que los estudiantes tienen derecho a la libre protesta, garantizado en la Constitución Nacional. "No estamos haciendo nada ilegal", enfatizó.

Igualmente aseveró que se mantendrán en el campamento hasta que se logren los objetivos que se ha planteado el Movimiento Estudiantil, "liberar a los presos políticos, a los estudiantes detenidos, el cese de la represión y la visita de representantes de las organizaciones internacionales de Derechos Humanos a Venezuela para que in situ conozca lo que sucede en el país".

En la misma fecha El Universal, con información de El Carabobeño, en una nota sin firma, dio cuenta de dos heridos por perdigones que lanzaron efectivos de la Policía de Carabobo contra personas que manifestaban en la avenida principal de El Trigal, Valencia.

-Los manifestantes –explicó- se encontraban en la avenida principal y un contingente policial llegó al sitio lanzando bombas lacrimógenas y disparando perdigones contra ellos.

Uno de los manifestantes alcanzado por perdigones sufrió una herida en la pierna derecha, mientras que otra persona fue lesionada en la espalda y la pierna izquierda, detalla el reporte del diario en el que no se hace mención de los nombres de los afectados.

Un detenido en las protestas cada media hora

1.825 personas detenidas tras las protestas que se han registrado entre el 12F y el sábado 28 de marzo de 2014 tienen procesos penales abiertos, dice una nota de El Nacional, de fecha 30 de ese mes, suscrita por las periodistas Emily Avendaño y Fabiola Zerpa.

-95% de ellas –esclarece- son estudiantes, quienes no sólo han quedado con sus libertades restringidas sino con la amenaza de un juicio penal en su futuro.

La anotó aseguró que "La persecución para acabar con la protesta es una política de Estado".

"Que "Cada 35 minutos se ha abierto una averiguación penal contra 1 venezolano desde el pasado 12 de febrero". Es decir, "Un promedio de 40 personas han sido detenidas diariamente en las últimas 6 semanas, cuando han arreciado las protestas en el país".

La periodista indicó, asimismo: -La cuenta suma casi 1.800 aprehendidos (95% estudiantes). Poco más de la mitad han sido liberados, pero eso no ha sido una buena noticia para ellos: ninguno se ha zafado de la amenaza de que los enjuicien y envíen a la cárcel, y mientras tanto tienen las libertades restringidas: algunos tienen que presentarse periódicamente ante los tribunales y tienen prohibido participar en manifestaciones, con la amenaza de un eventual juicio en el futuro. Aún hay 86 privados de libertad.

Las oleadas de detenciones continúan a un ritmo constante y las denuncias contra los procedimientos coinciden en todo el país: hay detenidos que afirman que han sido torturados, sometidos a tratos crueles o inhumanos; amenazados o se les ha impedido comunicarse con sus familiares y abogados hasta por 48 horas y más; interrogados por funcionarios de inteligencia sin que esas preguntas aparezcan en acta alguna; despojados de sus teléfonos celulares para ser revisados; presentados en tribunales con escasos minutos para dialogar con los defensores; coaccionados para firmar documentos; o acusados con pruebas falsas o cargos fabricados

Comentó igualmente: -Para muchos, la arremetida contra los jóvenes por manifestar –derecho consagrado en el artículo 68 de la Constitución– no tiene precedentes y constituye la apertura de un proceso penal de dimensiones colectivas que trastocará el futuro de muchos jóvenes, al restringírseles su libertad y exponerlos a procesos judiciales que pueden extenderse en el tiempo. El caso del cierre de RCTV en 2007 se asemeja por tratarse del mismo grupo de la sociedad, pero a diferencia de hoy, esas protestas se extendieron tan solo por 14 días, tiempo en el cual menos de 300 personas fueron arrestadas y liberadas de inmediato, sin mediar expedientes que pudieran dejar antecedentes penales en hojas de vida personales. "Existe una política sistemática de persecución de un grupo específico de la población del país, en este caso los estudiantes.

Sobre esa masiva represión la periodista citó a Gonzalo Himiob, director del Foro Penal, quien afirmó que la intención es criminalizarlos para construir una narrativa en defensa del gobierno.

El activista de los derechos humanos añadió: -Las detenciones iniciadas desde la marcha por el Día de la Juventud en Caracas se han producido en cuatro fases. En un primer momento fueron hechas durante manifestaciones realizadas en varios estados del país. Luego se ejecutaron de manera indiscriminada, a cualquiera que estuviese cerca de una barricada. En un tercer momento tuvieron carácter preventivo, contra personas que supuestamente intentaban sumarse a las protestas. La última fase ha sido la selectiva, desplegada con un trabajo previo de inteligencia de más de un mes, a partir de información obtenida en interrogatorios y celulares, lo que ha permitido, desde hace dos semanas, el allanamiento de residencias y oficinas de personas que presuntamente organizan protestas.

Zerpa y Avendaño citaron el caso de Marco Aurelio Coello y Luis Felipe Boada, detenidos en Candelaria junto con otros cuatro jóvenes (Demian Martín, Christian Holdack, Nelson Gil Palma y Ángel González) el 12 de febrero, durante la marcha a la Fiscalía y dijo que "Sus aprehensiones contienen un conjunto de irregularidades que expertos en leyes no dudan en calificar como la construcción del expediente político y judicial contra Leopoldo López, quien fue arrestado 6 días después".

Marco Coello estudiante de bachillerato de 18 años, detenido por agentes de los servicios represivos de la narcodictadura el 12 de febrero de 2014 mientras participaba en una manifestación en contra de la narcodictadura.

Le pusieron una pistola en la cabeza. Luego lo patearon y lo golpearon con un palo de golf y un extintor. Fue torturado con electricidad. Tras recobrar la libertad siete meses después, huyó a Estados Unidos, donde se le detuvo, quedando libre debido a la presión ejercida, entre otros, por el senador Marco Rubio. El entonces presunto defensor del pueblo, Tarek William Saab, lo acusó de prófugo y dejó en la impunidad la tortura y tratos crueles sufridos por parte de sus carceleros del SEBIN.

Abundando en esas detenciones indicó: -El 5 de abril se cumplirá el plazo máximo de 45 días para que la Fiscalía presente las acusaciones en contra de Coello y Boada, y el Tribunal 16º de Control decida si ratifica la privativa de libertad que les impusieron o desestima el proceso judicial. Se hará frente al mismo juez que dictó prisión a López porque sus casos fueron sumados al expediente del dirigente de Voluntad Popular, en calidad de autores materiales de los destrozos contra la Fiscalía. Lo mismo ocurrió con otros cuatro estudiantes: Demian Martín, Christian Holdack, Nelson Gil Palma y Ángel González.

Explicó que, ante la unificación de los casos, Doris Morillo de Coello, madre de Marco Aurelio, respondió: -Mi hijo marchó pacíficamente, sin ningún llamado previo de alguna organización. No forma parte de ningún grupo estructurado, salvo de los equipos de fútbol y tenis del colegio donde cursa quinto año de bachillerato". Stefania Vitale, esposa de Boada, también rechazó la medida. "Mi esposo no forma parte de ningún partido político. Era la primera vez que marchaba por querer vivir en un país con paz".

Las periodistas asentaron en otra en otra parte del reportaje: -El caso de Coello, de 18 años de edad, ejemplifica la incomunicación y los tratos crueles a los que han sido sometidos muchos detenidos. Tras su aprehensión, pasó 12 horas desaparecido y 48 horas –el plazo límite para ser presentado por la Fiscalía ante un tribunal de control– sin poder establecer contacto con su familia. En esas horas vitales para preparar la defensa, estuvo recluido en el CICPC, donde su familia asegura que fue víctima de tortura, para luego ser trasladado al SEBIN. Solamente logró hablar con sus abogados 10 minutos antes de que comenzara la audiencia de presentación, y los exámenes forenses se le practicaron el 20 de marzo, a más de un mes de su detención, lo que implica denegación de justicia. Aunque no conocía a los otros jóvenes, a todos les imputaron los delitos de instigación a delinquir y agavillamiento, además de daños materiales e incendio.

Mientras que "En el caso de Boada, su familia insiste en el forjamiento del acta policial de aprehensión", pues se le acusa de haber sido detenido lanzando piedras y bombas molotov a las radiopatrullas que estaban cerca de la Fiscalía. Pero "Un video grabado por las cámaras de seguridad demuestra otras condiciones", que "Luis Felipe fue detenido en las residencias Parque Carabobo, donde acudió a resguardarse" y "Allí los funcionarios hacen un allanamiento sin una orden, tras lo cual lo llevan a rastras al CICPC", lo cual "demuestra que el lugar, hora y circunstancias de la detención son diferentes a las del acta".

Al igual que Coello, Boada fue sometido a tratos crueles en el CICPC, donde permaneció 36 horas.

-Lo tuvieron de rodillas durante horas, -se lee en el reportaje- golpeándolo en la columna. Además, lo patearon y rociaron con gasolina. Luego respondió bajo coacción preguntas que le hicieron sobre su estado físico. No se le practicaron los exámenes forenses solicitados por su defensa.

Otro caso fue citado por las periodistas es el de Lázaro Sánchez, quien utiliza el transporte público para ir desde su casa al trabajo, en El Paraíso, porque no tiene carro.

-Aun así, -advierten las periodistas- el 5 de marzo terminó imputado por el cargo de obstrucción de la vía pública "con vehículo propio" (un delito que no existe en el Código Orgánico Procesal Penal), además de resistencia al arresto, instigación a delinquir, propinar insultos contra el gobierno nacional y agavillamiento. El caso se repite en muchos estados: la acusación de delitos inexistentes. A las 6:30 am, cuando se preparaba para salir, Sánchez oyó un escándalo que lo hizo bajar a la planta baja de su edificio. Una camioneta cargada con oficiales de la Guardia del Pueblo y 25 motorizados de este mismo cuerpo entraron con armas en la mano y apuntando a los presentes. "Al ver eso me escondí en la caseta de vigilancia junto a otra vecina para resguardarnos de los guardias y de las botellas que lanzaban los vecinos", explicó Sánchez. Ninguno había participado en la guarimba que por semanas se instaló frente al edificio.

Sánchez relató que un guardia lo apuntó y le dijo: "Estás arrestado". Agregó que en el comando de la Guardia Nacional "recibió corrientazos y escuchó insultos y amenazas de muerte". Del mismo modo refirió que pudo conversar con su abogado dos minutos y que en ese momento ya los guardias le habían revisado el celular, un procedimiento generalizado en todo el país y que viola el artículo 48 de la Constitución, que garantiza el secreto e inviolabilidad de las comunicaciones privadas "en todas sus formas".

También confió que al ver fotos de una concentración en Altamira le dijeron: "Esta es la evidencia de que eres un maldito guarimbero".

El 6 de marzo en la mañana lo trasladaron a la audiencia de presentación, donde le imputaron cinco cargos. La fiscal Luisa Ortega Díaz pidió la pena máxima de 30 años de prisión, aunque señaló que se conformaba con la mínima, con medida de presentación cada 30 días".

Sánchez y su vecina –Nury Cavaniel, ama de casa de 48 años de edad– deberán presentarse cada 30 días, durante 8 meses, el plazo que estipuló el juez para que cumplan las medidas.

Las periodistas se refirieron también a la siembra de evidencias en los expedientes para inculpar a los detenidos y agresiones verbales de contenido sexual a las mujeres. y citó varios casos.

Ana Karina Triana fue detenida el 28 de febrero, a las 7:00 pm, en la entrada del hotel Caracas Palace de Altamira, donde estaba tomando fotos.

-La Guardia Nacional Bolivariana llegó, la haló por los cabellos y le ordenaron montarse en una moto. "Carne fresca", escuchó que gritaban los guardias al verla pasar. "Me bajaron de la moto, me rodearon, me insultaron y amenazaron con violarme. Con los rolos me golpearon muchísimas veces en la cabeza. Me empujaban de un lado a otro y decían que me llevarían a Yare", recordó.

Dos días después, el domingo 2 de marzo, le imputaron los cargos de instigación pública, obstrucción de la vía pública y de ultraje a un funcionario público.

Otro caso, el d Gabriel Posner. Sus familiares niegan que él esté relacionado con el material que se incautó en un local de un centro comercial de Prados del Este (Caracas) el 17 de marzo en la madrugada.

Según el ministro del Interior, de entonces Miguel Rodríguez Torres, el día siguiente, en el sitio fue hallada "una fábrica completa de artefactos para el terrorismo", Este personaje era huésped en 2019 de un calabozo de Fuerte Tiuna. En julio de 2022 todavía estaba prisionero del narcodictador Nicolás Maduro, quien lo degradó del rango de general. Como el resto de los presos de la narcodictadura, su estado de salud era deplorable porque se le negó el derecho a recibir asistencia médica.

En ese operativo también fueron detenidos Carlos Daniel García Ortiz, Omar Alfonzo Méndez, Francisco Antonio Justo, Luis Contreras, Pedro Contreras y Alberto Luque Rondón.

El constitucionalista Román Duque Corredor, vecino del sector, opinó en su Twitter al momento de la operación: "Militarización masiva nocturna de calles con armas de guerra, efectivos fuertemente armados y vehículos militares es terrorismo de Estado".

Una persona cuyo nombre no fue revelado por las periodistas aseguró que Posner "no estaba allí y tampoco conocía al grupo con el cual lo relacionan". La declarante agregó: "Todo lo que mencionan que tenían a su resguardo es sembrado", Sin embargo, para el entonces jefe del CORE 5, Manuel Quevedo, "en el lugar se incautaron bombas molotov, miguelitos, cordones para la fabricación de explosivos, niples, gasolina, aceite, medicamentos, prendas y tres vehículos.

Quevedo fue premiado con la presidencia de PDVSA, que en 2019 producía menos de 800 mil barriles diarios de crudo.

Cuerpos represivos han detenido arbitrariamente a 2.169 personas hasta agosto de 2019

TalCual se hizo eco de las detenciones arbitrarias efectuadas por las fuerzas represivas del gobierno del usurpador de Nicolás Maduro desde el 1 de enero de 2014 hasta el 31 de agosto de 2019.

En un extenso reportaje elaborado con información de la ONG Foro Penal Venezolano, que tiene fecha 15 de septiembre de ese último año, reveló que en eso cinco años se han registrado en el país 15.160 detenciones políticas y todavía "existen 9.384 personas formalmente criminalizadas por estos motivos

Gonzalo Himiob, director esa institución, aseguró que las detenciones arbitrarias realizadas por los cuerpos de seguridad del Estado no se detienen e indicó "que entre enero y agosto de 2019 se registraron 2.169 arrestos de este tipo contra ciudadanos", 1.893 han sido hombres y 276 mujeres.

De ese total, 226 fueron adolescentes. Además, 327 personas aún permanecen detenidas: cuatro de ellas en espera para presentar fiadores y 323 fueron privadas de libertad por un tribunal.

El Foro Penal Venezolano apuntó además que entre los 476 presos políticos hay siete militares, seis de los cuales son los sargentos del Ejército Rubén Bermúdez Oviedo, Juan Francisco Díaz Castillo, Jecson Lozada Matute, Jairon Eli Villegas, Feydi Rafael Montero y Javier Rafael Peña, detenidos el 19 de enero de 2017 y recluidos en el Centro Nacional de Procesados Militares, mejor conocido como la cárcel de Ramo Verde.

Según el referido informe, "estos militares presentan graves padecimientos de salud, que no han sido atendidos oportunamente, a pesar de las diligencias realizadas por sus abogados".

El mismo medio, pero el 16 de septiembre de 2019, denunció la detención, por parte de funcionarios de la Dirección General de Contrainteligencia Militar, de la joven estudiante de Comunicación Social, Michelle Peñalver López, de 25 años.

Su detención se produjo la tarde del día anterior cuando se disponía a sellar pasaporte de salida del país en la aduana de San Antonio del Táchira, según denunció su madre, Jenny López Correa, supuestamente porque tenía prohibido salir de Venezuela-

Como ya es usual en los procedimientos de ese cuerpo represivo, la despojaron de su teléfono celular y le prohibieron llamar a un abogado e incluso a sus familiares.

24 horas más tarde, la situación se mantiene similar. No le permiten ver a su abogado ni a su madre en la sede del DGCIM ubicada en Las Lomas, en San Cristóbal, Táchira.

"Le violan sus derechos constitucionales y como ser humano. Tengo entendido que la están torturando psicológicamente", denuncia López Correa.

CUERPOS REPRESIVOS HAN DETENIDO ARBITRARIAMENTE A 2.169...

LIBEREN a Michelle Peñalver López

De acuerdo con la periodista Sebastiana Barráez, quien ventiló el caso en redes sociales, la causa de la detención de la joven sería su parentesco con el coronel de la Guardia Nacional y exjuez militar, Ramón Ali Peñalver Vásquez, implicado en el alzamiento militar del pasado 30 de abril y arrestado desde ese mismo día.

Según Barráez, la detenida es hija del militar fuera del matrimonio, y nunca ha recibido apoyo afectivo o económico de su padre biológico.

La presión social logró su libertad dos días después.

Presas, torturadas y cruelmente tratadas

El 23 de julio de 2022 Costa del Sol, con información de Efe y La Patilla reportó:

-En Venezuela hay 23 mujeres presas por motivos políticos que son "víctimas de tratos crueles" y, en algunos casos, de "torturas", dijo este viernes a Efe la coordinadora general de la ONG Justicia, Encuentro y Perdón (JEP), Martha Tineo.

La activista detalló después:

-En Venezuela, al día de hoy, hay 316 presos políticos, de los cuales 23 son mujeres. De esas 23 mujeres, según nuestros registros, cinco han sido condenadas y el resto se mantiene en procesos judiciales en los que no se ha logrado establecer su responsabilidad en la comisión de algún delito o hecho punible, es decir, en algunos casos pudiéramos hablar de condenas anticipadas.

De acuerdo con Tineo, las "presas políticas" son "víctimas de la falta de una alimentación debida, de asistencia médica, de dotación de insumos médicos, de agua potable y de instalaciones para que puedan tener una higiene" adecuada, además, en muchos casos, se mantienen "aisladas e incomunicadas".

-Tenemos documentadas torturas –explicó- a tal punto que, en algunos casos, han tenido daños irreversibles. Una de ellas fue detenida estando en embarazo y, como consecuencia de las torturas que recibió, perdió a su bebé. Y así tenemos documentación de casos de torturas muy graves, de incomunicación muy graves. La fuente indicó además que, de las 23 mujeres, 16 son civiles, 6 son funcionarias de la Fuerza Armada Nacional y una pertenecía a un cuerpo de policía.

La referida ONG, que desde el jueves promueve en las redes sociales una campaña para visibilizar los casos, indicó que estas se encuentran "recluidas en las sedes de diversos servicios de inteligencia, cárceles comunes y militares".

Al final precisó que "Se han realizado denuncias por las condiciones de reclusión, falta de acceso a agua, alimentos, luz solar e incomunicación", y por lo tanto exigió la liberación inmediata de estas mujeres.

Fuente: Justicia Encuentro y Perdón, jepvenezuela.com

Siguen las protestas contra la Narcodictadura

El 21 de julio de 2022 TalCual reportó:

-En horas de la mañana de este jueves 21 de julio, trabajadores del sector público y de varios gremios, junto a jubilados y pensionados, volvieron a las calles de Caracas una vez más para protestar por la eliminación del instructivo ONAPRE y mejores reivindicaciones salariales. Esta vez con destino a la sede de la Defensoría del Pueblo, ubicada en la avenida Urdaneta.

Un piquete de la Policía Nacional Bolivariana se situó en un punto de la mencionada arteria vial para impedir el tránsito de la protesta, mientras que simpatizantes del oficialismo estuvieron buscando generar caos en la marcha. A pesar de eso, realizaron la actividad.

Luego indicó:

-Por eso, los manifestantes hicieron una parada en la sede del Ministerio Público en la avenida México donde, con pancartas y cantando el Himno Nacional, llevaron a cabo su protesta pacífica en contra del instructivo ONAPRE porque consideran que se desconoce los derechos que están consagrados en la Constitución y las contrataciones colectivas, como subrayó Provea.

De igual forma, manifiestan para exigir la libertad de los luchadores detenidos -los integrantes de Bandera Roja- y por el cese de las persecuciones.

Uno de los manifestantes, que es enfermero que labora en el Hospital Universitario de Caracas, advierte que en cada quincena están cobrando menos dinero y exige que respeten sus derechos. Dijo que "hacen milagros" para llevar pan para la casa, ya que debe decidir si compra comida o medicinas, mientras que no tiene con qué comprar zapatos.

"Ya basta que nos estén matando de hambre", dijo enseñando los zapatos rotos mientras caminaba descalzo por la vía.

Luego la presidente del Colegio de Enfermería del Distrito Capital, Ana Rosario Contreras, aseguró que no serán doblegados por su "grupo de choque" -haciendo referencia a los grupos armados conocidos como colectivos- y que no abandonarán las calles "porque gobierne quien gobierne, los derechos se defienden".

Asimismo, hizo un llamado a la ciudadanía a unirse para que se respeten los derechos y se puedan cristalizar los cambios que requiere el país.

Por su parte, el presidente de la Asociación de Profesores Universitarios de la Universidad Central de Venezuela (APUCV), Víctor Márquez, denunció que los recursos que están entrando en el país lo invierten en adornos "cuando la gente está pasando trabajo", por lo que subrayó que ese dinero debe ser puesto en seguridad, salud, educación y las condiciones de vida.

-El gobierno –enfatizó- invierte más en banderitas, papelitos, en un indio que parece más en una figura que da pena (…) por eso más que nunca la pelea es en la calle.

Por otro lado, Carlos Salazar, miembro de la Coalición Sindical Nacional, rechazó que se busque prohibir las manifestaciones y calificó al ministro del Trabajo, Francisco Torrealba, como un "pandillero de barrio" en vez de un árbitro, al igual que repudiaron la acción del mandatario, Nicolás Maduro, de querer reprimir las protestas, perseguir y encarcelar a los líderes sociales.

"No van a acallar la protesta de los trabajadores", advirtió.

Finalmente, Pedro Arturo Moreno, integrante de la Unión de Trabajadores Revolucionarios, resaltó la necesidad de que el salario esté vinculado y acorde con la canasta básica, así como exigió que se respete la convención colectiva y pidió seguir adelante todos juntos, "sin distingo político".

Tres días después, en el Distrito Capital continuaron las protestas para exigir respeto a los derechos laborales y a la salud.

Mientras que una manifestación contra el mal funcionamiento de los servicios básicos en la parroquia San Juan, fue la novedad.

Diferentes gremios se reunieron para alzar su voz contra la falta de beneficios y las limitantes que pesan sobre el nuevo instructivo que publicó la Oficina Nacional de Presupuesto (ONAPRE).

SIGUEN LAS PROTESTAS CONTRA LA NARCODICTADURA

-Marcharon –reportó Termómetro Nacional- desde la avenida Urdaneta, con intención de culminar la protesta frente a la Vicepresidencia de la República, pero grupos que se identificaron como colectivos afectos a Nicolás Maduro, lo impidieron.

Dos días antes de esta multitudinaria protesta, trabajadores discapacitados que prestan servicio al Ministerio de Educación, se plantaron frente a la sede del IPASME para reclamar sus derechos.

El referido portal agregó:

Por otro lado, esta semana se reunieron vecinos de diferentes sectores que componen la parroquia San Juan, para reclamar las fallas eléctricas y falta de agua que continúan padeciendo. También de quejaron por la falta de internet y fallas en la recolección de desechos sólidos.

Otra de las protestas significativas de la semana ocurrió en la sede de CECODAP y estuvo encabezada por padres y representantes de niños que padecen fibrosis quística. Ellos aseguraron que no reciben tratamientos de parte del Estado y exigieron al Ministerio de Salud que rinda cuentas del presupuesto que se le fue asignado para otorgar medicamentos a estos pacientes.

El mismo portal reportó el 24 de julio:

-La crisis que mantienen los jubilados y pensionados de Las Salinas de Araya, ante la falta de pago de la empresa DellAqcua, los ha llevado a una situación crítica de no tener con qué comer, ni para comprar medicinas, así lo denunció la Asociación que agrupa a estos adultos mayores de edades entre: 70 a 80 años, según lo puntualizó el presidente del gremio AJPSAES, Aníbal Núñez.

"Nos han llevado a un estado de indefensión nunca visto en la historia de esta industria. Nos preguntamos: ¿qué socialismo es este? Se lo estamos informando al gobernador, al presidente de la República, al Consejo Legislativo del Estado Sucre (CLES), que de no obtener respuesta ¡vamos a tomar la empresa!", advirtió Núñez en reiteradas concentraciones y denuncias con un grupo de afectados durante esta semana y en cada uno de los meses transcurridos sin pago.

Termómetro Nacional detalló luego:

-Son 252 jubilados y pensionados de Las Salinas de Araya y ya registran 9 quincenas sin cobrar y su exigencia está respaldada en el acta de convenio décima quinta firmada por el presidente de la Corporación Socialista de Desarrollo del Estado Sucre (CorpoSucre), almirante Gilberto Pinto, quien a su vez es la máxima autoridad regional; con la empresa DellAqcua, actual ente privado operante en la principal industria del Municipio Cruz Salmerón Acosta.

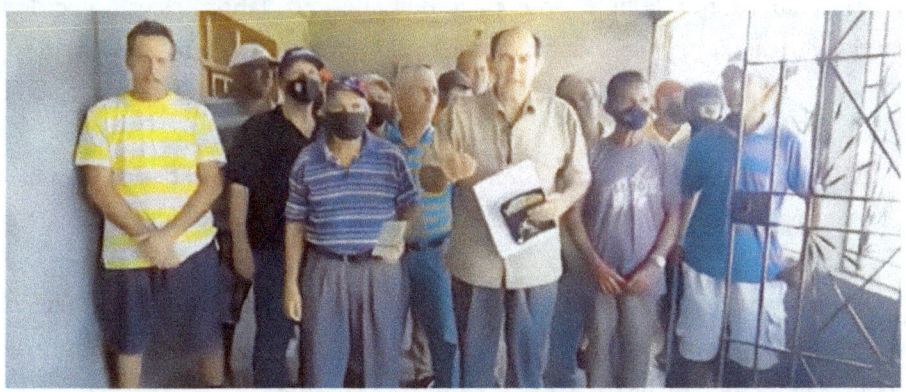

Estos trabajadores que dieron más de 25 años de servicio a dicha institución pública tenían previsto una marcha y toma pacífica en los portones de las Salinas de Araya.

Sin embargo, en plena concentración previa a la actividad, recibieron la visita del comandante de la Guardia Nacional y funcionarios de la Policía del Estado, por lo que decidieron suspender dicha acción de calle.

En la misma fecha Termómetro Nacional reportó:

-Una concentración pacífica hicieron los trabajadores de PDV Puertos filial de PDVSA, para rechazar el desconocimiento de sus derechos laborales. Una petición que ha sido replicada en varios estados del país.

Se concentraron en la plaza José Leonardo Chirinos de la ciudad de Punto Fijo, en el Municipio Carirubana del Estado Falcón, para reclamar al presidente de PDV Puerto que se haga efectivo el pago del mercado, que es una conquista del personal.

La nota añadió:

-Luis Lugo, uno de los voceros de los trabajadores en la concentración expuso que "las autoridades quieren dirigir a PDV Puerto como una bodega, a su antojo.

Luego explicó:

-Los remolcadores de la antigua PDV Marina, solicitaron mejoras en el servicio de comedor, transporte y el mantenimiento de las unidades en las que trabajan.

Al mismo tiempo exigieron el pago de beneficios laborales establecidos en la contratación colectiva, y que hasta el momento se mantiene retenido, de acuerdo a una decisión de las autoridades de esa filial petrolera a nivel nacional.

Asimismo, los trabajadores denuncian que la empresa está por el suelo. "Las embarcaciones, tanto remolcadores como lanchas están destruidas, no hay inversión en PDV Puerto", afirmaron.

En la misma fecha la fuente digital citada dio cuenta de una manifestación de vecinos de la localidad de Ejido, Estado Mérida, para rechazar la injuria contra el médico de la zona, doctor Liborio Medina.

-Durante este fin de semana, -explicó Termómetro Nacional- los ciudadanos del Municipio Campo Elías, en la ciudad de Ejido, salieron a las calles a manifestar en rechazo a la injuria cometida contra el doctor Liborio Molina, quien habita en la zona. A través de medios de comunicación regionales se publicaron críticas contra el doctor, lo que llevó a los residentes de la zona a manifestar en contra del comunicado.

Posteriormente señaló:

-La información publicada en el medio regional, aseguraba que el doctor era una persona no grata, además de realizar acusaciones contra Molina, debido a esto, los vecinos salieron en respaldo del galeno, desmintiendo este tipo de informaciones publicadas y asegurando que el acusado representa una ayuda para la comunidad.

Liborio Molina, el afectado al respecto, comentó que la nota afirmaba que guardaba en su casa armamento de alto calibre, cosa que rechaza totalmente, pues asegura que no tiene ningún tipo de armas en su hogar. Molina aseveró que desde hace 40 años vive en la ciudad de Ejido sin tener ningún problema con alguno de los residentes.

Los manifestantes solicitaron de manera pública a los medios de comunicación, y redes sociales en donde se publicó las acusaciones, el derecho a réplica necesario para aclarar la información y dar su versión de los hechos.

También el 24 de julio El Carabobeño, con información de El Nacional, reportó:

-Educadores venezolanos expresaron su descontento tras recibir en sus cuentas bancarias el pago del bono vacacional, con base al ajuste salarial.

Según reseño El Nacional entre las denuncias publicadas en redes sociales, los profesores aseguraron que el abono no corresponde a los 60 días establecidos. Asimismo, que el monto "no cuadra" con lo legalmente acordado en su contratación colectiva y con el último ajuste salarial.

El gremio de la educación aseguró que lo acreditado en sus cuentas, si bien corresponde al pago de 100% del bono, no se calculó con base al salario actual.

"Pagaron 100 y 300 bolívares de bono vacacional a los maestros. Revisen esos pagos. Una falta de respeto al magisterio", se lee en una de las denuncias hechas por redes sociales.

Y agregó:

-También, resaltaron que se trata apenas de 25% de lo que les adeudan de la bonificación.

Destacaron que además de insuficiente, este abono llega después de varios días de retrasos y protesta

About the Author

Nació en el caserío **Marabal**, hoy en día parroquia homónima del Municipio Mariño del **Estado Sucre**, **Venezuela**.

Es Licenciado en Periodismo, Trabajador Social, Investigador Cultural y Poeta.

Todo cuanto escribe, en prosa o verso, lo firma con sus dos apellidos, **Rodulfo González**.

Publica diariamente los Blogs: "Noticias de Nueva Esparta" y "Poemario de Eladio de Eladio Rodulfo González", Es miembro fundador del Colegio Nacional de Periodistas, Seccional Nueva Esparta. Pertenece a la Sociedad Venezolana de Arte Internacional.

En formato digital ha publicado los libros:

Poesía:

La Niña de Marabal

Poesía Política

Elegía a mi hermana Alcides

Cien Sonetillos

Mosaicos Líricos

Alegría y tristeza

Covacha de sueños

¡Cómo dueles, Venezuela!

Encuentros y desencuentros
Ofrenda lírica a Briceida
Antología de poemas comentados y destacados Partes I al IV
Guarumal
Brevedades líricas
Poemas disparatados

Investigación Cultural:
Dos localidades del Estado Sucre
El Municipio Marcano del Estado Nueva Esparta
Patrimonio Cultural Mariñense
Cristo en la devoción religiosa católica neoespartana
Festividades Patronales Mariñenses
La Quema de Judas en Venezuela
El Municipio Gómez del Estado Nueva Esparta
Festividades patronales del Municipio Antolín del Campo
La Virgen María en la devoción religiosa de Margarita y Coche
Festividades patronales del Municipio García del Estado Nueva Esparta, Venezuela
Festividades patronales del Estado Nueva Esparta
Nuestra Señora de Los Ángeles, patrona de Los Millanes
La Quema del Año Viejo en América Latina
La Quema de Judas en Venezuela, 2013-2014
La Quema de Judas en Venezuela 2015
Grandes compositores del bolero
Grandes intérpretes del bolero

Investigación Periodística:
Textos Periodísticos Escogidos 1 y 2
La libertad de prensa en Venezuela
Cuatro periodistas margariteños
La historia de Acción Democrática en tres reportajes periodísticos
La Hemeroteca Loca Tomos 1 al 7

La guerra del dictador Hugo Chávez contra comunicadores sociales y medios desde 2004 hasta 2012

La guerra del dictador Nicolás Maduro contra comunicadores sociales y medios desde 2013 hasta 2018

Catorce años de periodismo margariteño

Gobernadores contemporáneos del Estado Nueva Esparta.

Entre sus publicaciones en papel se cuentan

Poesía:

Ofrenda Lírica a Briceida

Marabal de Mis Amores

La Niña de Marabal

Elegía a mi Hermana Alcides

Trípticos literarios A Briceida en Australia, Colorido, Elevación, Divagaciones y Nostalgias

Mis mejores Versos en Prosa

Incógnita

Mis mejores poemas en prosa

Añoranzas y otros poemas escogidos

Mosaicos Líricos

Entre Sueños, Cuitas a la Amada

¡Cómo dueles, Venezuela!

Noche y otros poemas breves

Poemas Políticos escogidos

Sonetillos Escogidos

Alegría y Tristeza

Covacha de Sueños

Incógnita

Investigación Cultural:

El Gallo en el Arte, la Literatura y la Cultura Popular

Pelea de Gallos, Patrimonio Cultural Mariñense

Festividades Patronales Mariñenses

Festividades Navideñas
Manifestaciones Culturales Populares de la Isla de Coche
Manifestaciones Culturales Populares del Municipio Gómez
Manifestaciones Culturales Populares del Municipio Marcano
Dos Localidades del Estado Sucre
Nuestra Señora de los Ángeles patrona de Los Millanes
El Bolero en América Latina
Historia de los Primeros Periódicos de América Latina
La Quema de Judas en Venezuela 2013-2014
La Quema del Año Viejo en algunos países de Latinoamérica
Festividades Patronales del Estado Nueva Esparta
Grandes Intérpretes del Bolero
Nuestra Señora de los Ángeles patrona de Los Millanes

Investigación Periodística:
La Desaparición de Menores en Venezuela
Problemas Alimentarios del Menor Venezolano
Niños Maltratados
Háblame de Pedro Luis
Siempre Narváez
Estado Nueva Esparta:1990-1994
Caracas sí es gobernable
Carlos Mata: Luchador Social
Así se transformó Margarita
Margarita y sus personajes (cinco volúmenes)
Vida y Obra de Jesús Manuel Subero
La Mujer Margariteña
Breviario Neoespartano
Margarita Moderna
Cuatro Periodistas Margariteños
Morel: Política y Gobierno
Francisco Lárez Granado El Poeta del Mar
El Padre Gabriel

La guerra del dictador Hugo Chávez contra comunicadores sociales y medios desde 2004 hasta 2012

La guerra del dictador Nicolás Maduro contra comunicadores sociales y medios desde 2013 hasta 2018

La Hemeroteca Loca Tomos 1 al 7

Los Ojos Apagados de Rufo

El Asesinato de Oscar Pérez

Gobernadores contemporáneos del Estado Nueva Esparta

Imprenta y Periodismo en Costa Rica

Rómulo Betancourt: más de medio siglo de historia

Chávez no fue Bolivariano

El asesinato de Fernando Albán

El Asesinato del Capitán de Corbeta Acosta Arévalo

Morir en Socialismo Tomos I, II, III, IV y V

Los Indígenas en el Socialismo del Siglo XXI

La Corrupción en el Socialismo del Siglo XXI Tomo I, II, III

La Barbarie Represiva de la narcodictadura de Nicolás Maduro, Tomos I al V

En formato CD ha publicados los libros Publicaciones en CD. La Libertad de Prensa en Latinoamérica y otros textos, Festividades Patronales Mariñenses, Elegía a mi Hermana Alcides, La Niña de El Samán, Marabal de Mis Amores, Festividades Patronales del Municipio Villalba y Festividades Patronales del Municipio Antolín del Campo.

You can connect with me on:

- https://cicune.org
- https://twitter.com/mauritoydaniel
- https://www.facebook.com/cicune
- https://amazon.com/author/rodulfogonzalez
- http://bit.ly/3XDrZ9V
- https://apple.co/3GTcOT8
- http://bit.ly/3HdAB1z
- http://bit.ly/3IVVuQc

Subscribe to my newsletter:

- https://cicune.org/contact

Also by Rodulfo Gonzalez

Poesía, Investigación Cultural y Periodística

El Asesinato de Oscar Pérez
http://bit.ly/3IVVuQc
El 27 de junio de 2017, luego de tres meses de protestas antigubernamentales en las cuales los órganos represivos de la narco dictadura asesinaron a 93 manifestantes, Óscar Pérez, Inspector del Cuerpo de Investigaciones Científicas, Penales y Criminalísticas, lanzó un ataque desde el helicóptero que tripulaba contra las sedes del Tribunal Supremo de Justicia y el Ministerio del Interior, Justicia y Paz, sin herir ni matar a nadie.

www.ingramcontent.com/pod-product-compliance
Lightning Source LLC
LaVergne TN
LVHW021957060526
838201LV00048B/1608